あなたの人生をダメにする勉強法

「ドラゴン桜」式
最強タイパ勉強法で
結果が変わる

ドラゴン桜公式note
マガジン編集長
青戸一之 著
西岡壱誠 監修

日本能率協会マネジメントセンター

はじめに

みなさん、勉強していてこんな風に感じたことはありませんか？

「年齢を重ねて記憶力が落ちてきた」
「勉強したいのに忙しくて時間がない」
「勉強の習慣や集中力が続かない」

変化の激しい時代を生き抜くため、今は社会人になってからも勉強をするのが当たり前になっています。ただ、学生時代のようになかなかうまくいかず、このような悩みを抱えている人も多いのではないでしょうか？

そして、もしかしたらその悩みの原因は、あなたの能力や意志の問題ではなく、次のような勉強に対する勘違いが原因かもしれません。

- 要点がまとまった参考書の方が頭に残りやすい

■ 勉強はまず参考書の大事な部分に線を引きながら知識をインプットするのが先
■ 解けた問題を繰り返すのは時間のムダ
■ 学生時代と同じ勉強法が一番自分に合っている
■ コツコツ努力できるかどうかは生まれつきの性格の問題

ひとつでも「えっ、そうじゃないの?」と思ったものがあれば、要注意です。あなたの勉強は結果につながらず、「どうせ頑張ってもムダ」と諦めてしまい、人生がダメになってしまう可能性があります。


「そんな大げさな……」と思われるかもしれませんが、実際に勉強で人生は変わります。

私は元々高卒フリーターで1年間の引きこもりニートの時期もあったところから、30歳で東大受験にチャレンジして33歳で合格。詳しい経緯は「おわりに」でお話しますが、そこから本当に人生が変わったのです。

私が受験勉強をやっていくうちに気づいたのは、世の中には間違った勉強の常識がたくさんあるということでした。本書はそんな「勉強の勘違い」を一つ一つ正しながら、大人が効率よく学ぶための方法を紹介するものです。

■大人の勉強で一番重要なのはタイパ

大人が勉強するときに、学生時代と大きく違うものが2つあります。それはモチベーションと時間です。

大人になってから勉強の必要性や意義を実感する機会はたくさんあります。学歴や技能の違いによって収入格差を感じるのが、一番わかりやすい例ではないでしょうか。そのため、転職やスキルアップのために資格試験の勉強を始めたり、社内の昇格試験のために勉強している人も多いでしょう。あるいは収入とは別に、教養のためや趣味として語学や歴史、経済などについて学ぶ人も増えています。

大人になってからの勉強は、目的や目標がはっきりしていて、学生時代とモチベーションや楽しさが違います。

それに反してネックになってしまうのが、時間ではないでしょうか。勉強や部活、遊びに明け暮れることが許された学生時代と違い、大人になると時間に追われる生活になります。

仕事はもちろん、家事や育児に加えて様々な人付き合いなど、やるべきことはたくさんあります。当然、息抜きの時間だって必要です。その中で日々の勉強時間を作り出すのは、簡単なことではありません。

何よりも時間がほしいというのは、多くの人に共通する悩みではないでしょうか。

そのため、大人の勉強で一番重要になるのはタイムパフォーマンス（時間的効率のこと。以下タイパ）です。限られた時間の中で、いかに成果を出せるか。これを無視して、大人の勉強は語れません。

そこで本書では、大人だからこそ陥りやすい間違った勉強法や時間の使い方について、漫画『ドラゴン桜』（三田紀房著、講談社）のシーンを交えながら解説し、タイパを最大限に上げるための方法論を紹介します。

まず序章では「勉強の5つの勘違い――やってはいけない勉強法とは？」と題し、大人がやりがちな効率の悪い勉強法を5つ説明します。以降の章では、その効率の悪い勉強法の改善策を一つ一つ詳しく紹介していきます。

第1章はインプットとアウトプットの効率的なやり方とバランスの取り方、第2章は効果的な記憶の仕方とノート術、第3章は過去問をフル活用した勉強法、第4章は時代と年齢に合った勉強法、第5章は才能によらない勉強の習慣化と効率化のシステム構築法を解説します。

■30歳からの東大受験に成功した経験と『ドラゴン桜』の逆転合格メソッドが融合

私は30歳から東大受験にチャレンジしましたが、もともとは自分で勉強する習慣のまったくないところからのスタートでした。そのため、まずは1日10分ほど机に向かうことから始め、徐々に勉強の習慣を身につけながら、効率のよい覚え方、効果的な復習の仕方などを試行錯誤しました。

そうして大人が限られた時間で成果を出す勉強法を確立させ、私は働きながら1日3時間の勉強を続け、3年で東大合格までたどり着いたのです。

いわば人生の逆転合格とも言えるものですが、『ドラゴン桜』も平均以下の学力の受験生たちが、1年で東大に逆転合格する物語です。そこには科学的根拠に基づいた、合理的な勉強法のエッセンスが凝縮されています。

本書は、私の経験と『ドラゴン桜』の超効率的メソッドが融合した、最強のタイパ勉強本と言えるでしょう。何かを学ぼうとしている大人はもちろん、一般の受験生が読んでも効果のある方法ばかりです。

これからお伝えする内容を実践すれば、間違いなくみなさんの勉強のタイパは上がるはずです。ぜひ本書を活用して、人生が変わるくらいの勉強の成果に結びつけてください。

序章

勉強の5つの勘違い
——やってはいけない勉強法とは？

第1章

「勉強している感」だけで終わらない！結果を出す人になるためのインプット術

第2章

結果を出す人はここが違う！タイパを劇的に上げるアウトプット勉強術

第3章

最短距離の勉強のためには、過去問をフル活用する

第4章

年齢と脳の変化に合わせた勉強をする

第5章

「コツコツ努力できない」の悩みは、タイパ最強のアプリで解決する

序章

勉強の5つの勘違い

——やってはいけない勉強法とは？

勉強の勘違い

1

要点がまとまった本・参考書を使う方が頭に残りやすい

大人がよくやってしまう「勉強に対する勘違い」とは何か——まずこの序章では5つの勘違いについて説明します。

ここを正さない限り、いつまで経っても勉強のタイパは上がりません。気づかないうちに落とし穴にはまっていないか、自分にとっての勉強の常識と照らし合わせながら読み進めてみてください。

それぞれの勘違いの対処法については、後の章で1つずつ解説していきます。

最初にお伝えしたい勘違いはズバリ、「要点がまとまった本や参考書を使うと、頭に残りやすい」というものです。実はこれ、間違いです。

たとえば、タイプの違う2種類の参考書があったとしましょう。片方は情報量が多く、自分で整理する必要のある参考書。もう片方はあらかじめ情報が整理されて「これだけ覚えれば大丈夫!」と、スッキリまとまっている参考書です。

みなさんなら、勉強するときにどちらの参考書を選びますか?

きっと多くの人は「後者の方がわかりやすいし、覚えることも少なくて楽だ」と思うでしょう。ですが、実際はそんなことはありません。

日本人の英語力を例にして説明しましょう。

昔と比べて、今は参考書やインターネットを使った教材の数がケタ違いです。本屋で英語教材の棚を見ると、参考書がズラリと並んでいて、あまりの数の多さに驚かされます。見やすく要点がまとめられていて、使うだけで頭がよくなりそうな代物ばかりです。

また、英語学習のアプリケーションやオンライン授業も、質・量ともに非常に充実しています。その他にもネット上には、勉強に役立つ英語の動画や文献がいくらでも転がっています。まさに至れり尽くせりです。

ですが、これだけ教材が充実しているにもかかわらず、昔よりも今の方が日本人の英語力が上がっているわけではありません。EF（エデュケーション・ファースト）という世界的な語学学校の調査によると、英語を母国語としない国・地域の「英語能力指数」ランキングで、日本は毎年順位を落としています。これだけ素晴らしい英語教材に囲まれているにもかかわらずです。

したがって、厳然たる事実として「いい教材があっても、人間の頭はよくならない」のです。これは一体、なぜなのでしょうか？

その大きな理由としてあげられるのは、「勉強をやった気で終わってしまうから」です。

たとえば、情報が1ページにまとまっていて、整理がされていてわかりやすい参考書があったとします。多くの人は「このページに書いてあることだけ覚えればいいんだ！

簡単だ！」と思うことでしょう。

しかし、ここに落とし穴があります。要点がまとまっているテキストを使うと、その分だけ「自分で考える」という作業が省かれるため、かえって頭に残りにくいのです。

学生時代に使った、歴史の教科書を思い出してみてください。「○○年に××が起こった。その結果、□□となった」というように、複雑な歴史の流れが非常にわかりやすくまとめられていましたよね。

ですが、それぞれの出来事や人物について詳しいことは書かれておらず、何だか頭に残りにくかったという人は多いのではないでしょうか？　それに対して、授業などで発表するために自分でいろいろと調べてまとめたことは、しっかりと記憶に残っていませんでしたか？

それと同じで、要点がまとまっている参考書は、わかりやすいがゆえに自分で調べたり考えたりする必要がなく、その分忘れてしまいがちなのです。いくらきれいで丁寧で、わかりやすく整理された参考書が作られたとしても、それはその参考書を使う人間が「頭を使う必要がなくなる」ということを意味しています。

重要なのは、頭にきちんと負荷をかけて「やったつもり」にならないことです。

このロジックについて、『ドラゴン桜』では次のように説明されています。「蛍光ペンを使うな！」と柳先生が生徒にお説教をしている場面です。

根を詰めて脳が疲れたろう
英単語を少し暗記して気分をリフレッシュさせよう
英単語ターゲット1900
TARGET
1900
©旺文社
バカ
ようし！どんどん覚えよっと……

『ドラゴン桜』2巻・16限目「白紙の問題」／『ドラゴン桜』2巻・17限目「蛍光ペンは使うな！」

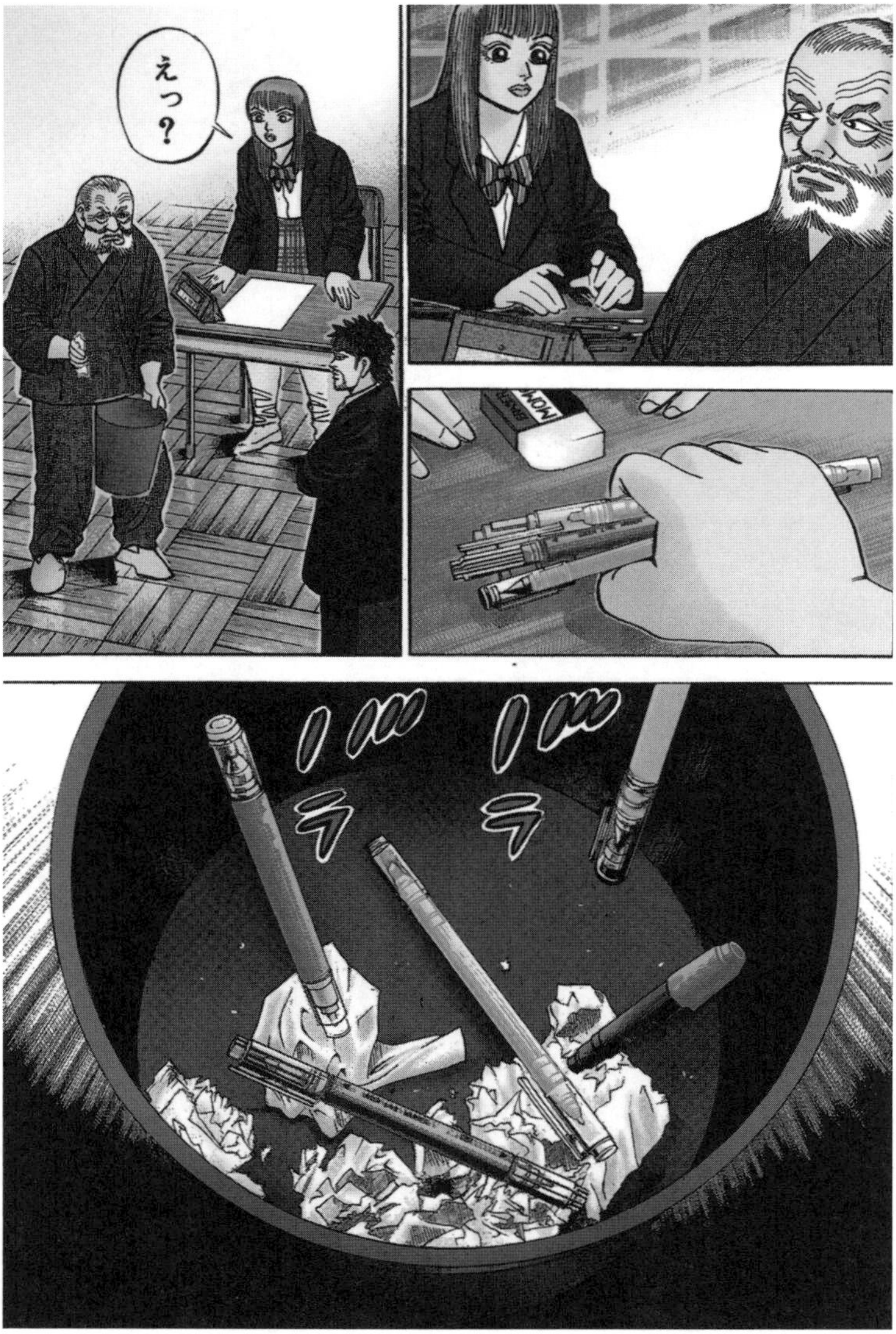
えっ？
バラ
バラ

ちょっと…な…何すんのよ！
バカ
こんなものは必要ない
教科書や参考書は線を引いたり塗ったりしてはいかあん！

教科書や参考書に線を引くなってどういうことよ
蛍光ペンで要所を塗っても何も頭には入っとらん！

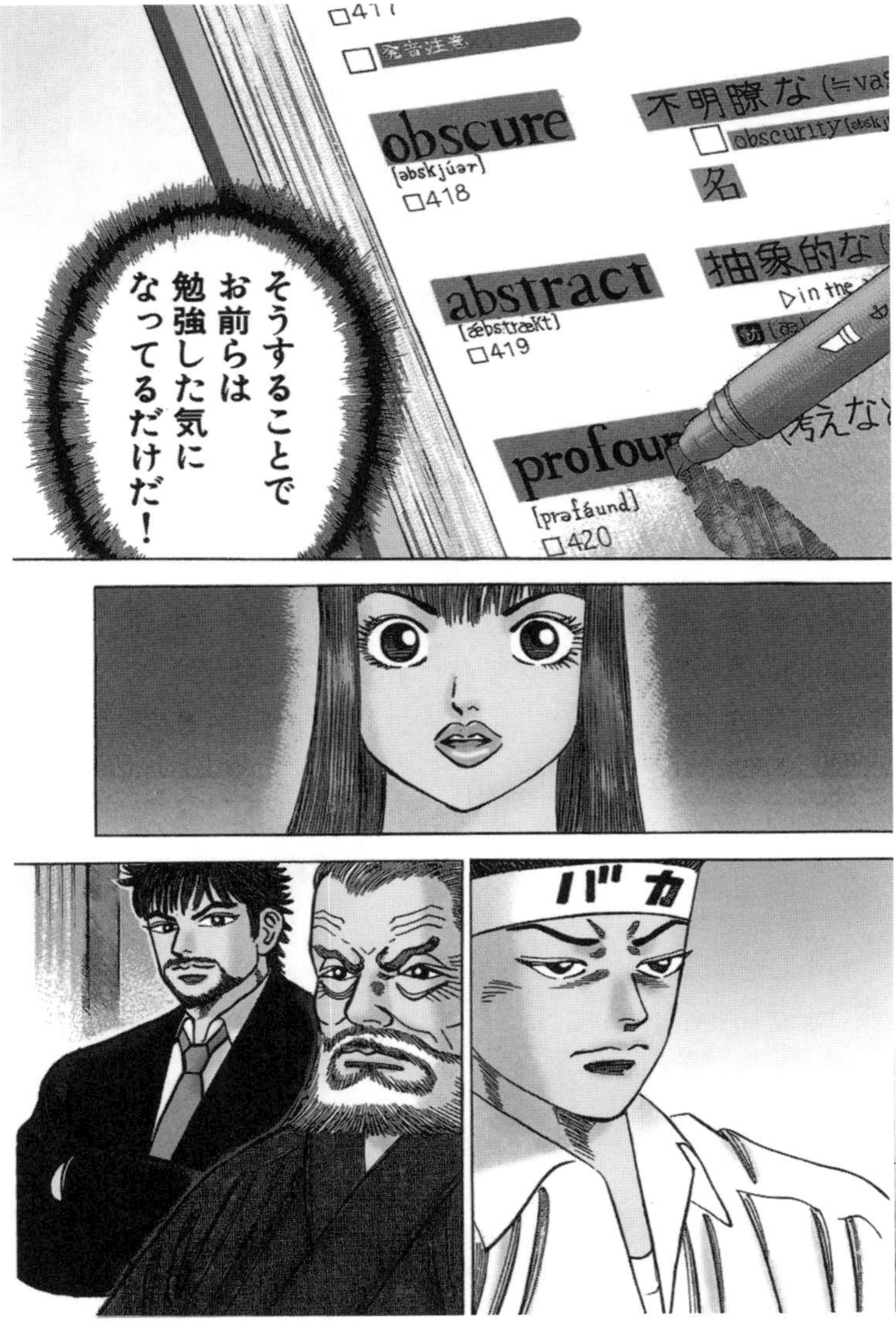
そうすることでお前らは勉強した気になってるだけだ！
発音注意
obscure
不明瞭な
□418
名
abstract
抽象的な
□419
□420
バカ

柳《やなぎ》塾の必勝鉄則の中に
「ノートを汚して教科書を汚すな」というものがある
なぜなら
教科書や参考書が線や書き込みで汚れるとそこは覚えた気になってしまう
バカ
一旦そう思うともう一度そこをやり直す気力が薄れてしまうのだ
これを防ぐために教科書は常に真っ白にきれいにしておけ
TARGET
1900

そうすれば自分はまだやっていないやらなきゃならないことがたくさんある…と
ある程度の不安感を持って　自分を追い立てながら勉強をしたほうがいいのだ
さらに　きれいだと何度繰り返しても新鮮な気持ちでいられて再挑戦する意欲も湧《わ》いてくる
ふーん……
でも……つい塗りたくなるのよね

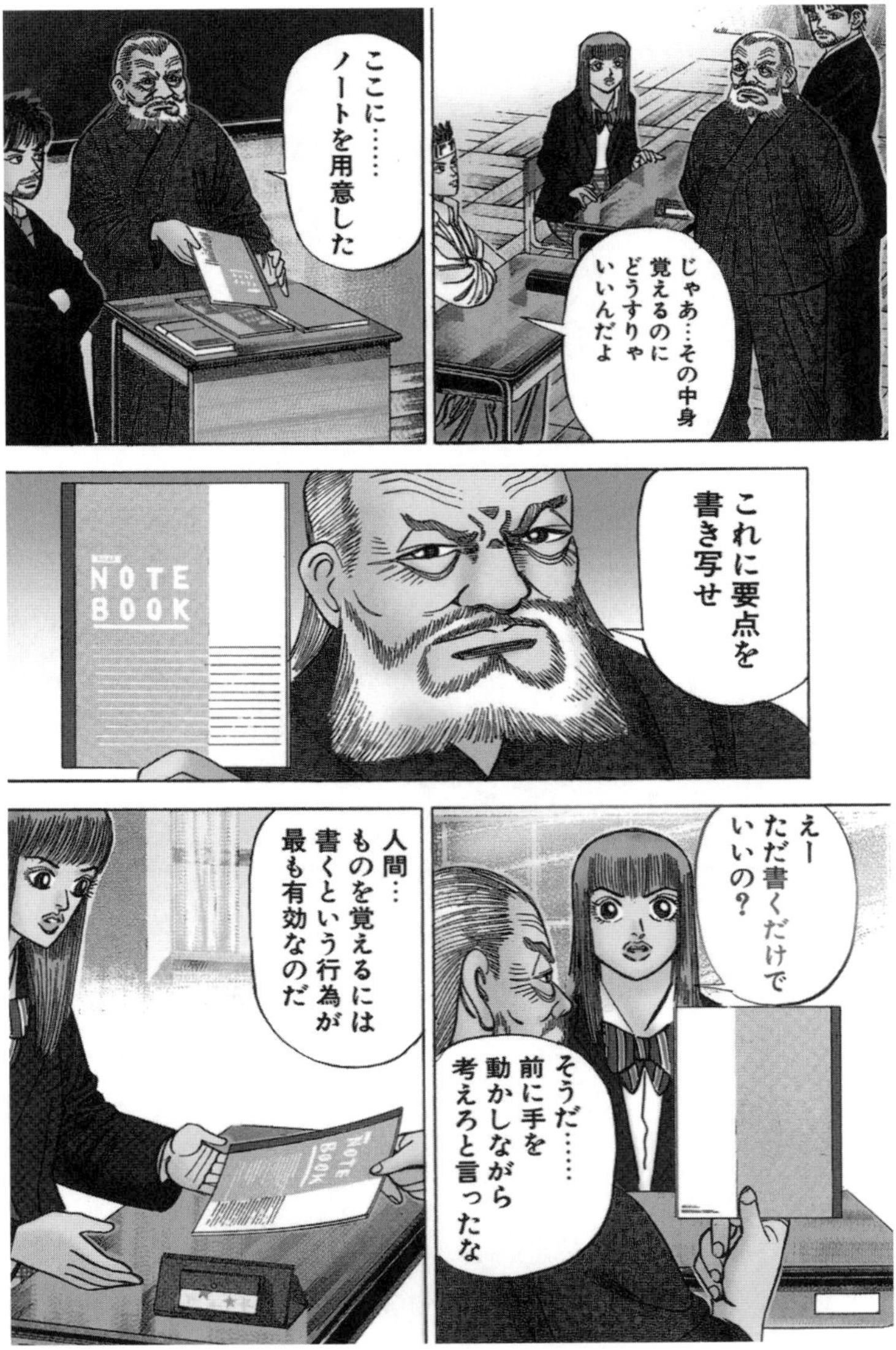
じゃあ…その中身覚えるのにどうすりゃいいんだよ
ここに……ノートを用意した
NOTE BOOK
これに要点を書き写せ
えー ただ書くだけでいいの？
そうだ……前に手を動かしながら考えろと言ったな
人間…ものを覚えるには書くという行為が最も有効なのだ
NOTE BOOK

人間の体の構造上 脳と手は連動しているから 書くことによって手を動かすと 脳もより一層活発に働くのだ
だから視覚に頼って記憶するよりも何十倍もの効果がでる！
何かを覚えようとするのならとにかく書け！
ノートでも紙切れでもそばにあるものに書いて書いて書きまくれっ！
バカ
書いて…
書いて書きまくれっ……

いかがでしょうか。この「蛍光ペンを使わない方がいい理由」は、まさに「要点がまとまっている参考書を使っても成績が上がらない理由」と同じではないでしょうか。

蛍光ペンを引いただけで満足して、「勉強している感」を得るだけで終わっていると、結果には結びつかないのです。スキルアップのための講演会やセミナーに参加しても、学んだことを実践せず「いい話だったな〜」で終わったら意味がないのと同じですね。身に覚えがある人もいるのではないでしょうか。

この「勉強している感」を打破するためにどんな勉強をすればいいのかについては、第1章で詳しくお話していきます。

勉強の勘違い1

要点がまとまった本・参考書を使うと、成績が上がる

➡ 整理された本・参考書を使っているときこそ、「勉強している感」を得るだけで終わってしまう危険性がある

勉強の
勘違い

2

しっかりインプットしてから問題を解く方が、効率がいい

次は勉強の手順の話に移ります。2つ目の勘違いは、「しっかりインプットしてから問題を解く方が、効率がいい」というものです。

勉強には2種類の行為があります。講義を聞いたり、本を読んだりして情報を頭の中に入れる行為の「インプット」。それに対し、問題を解いたりノートに書き出したりして、情報を頭から出す行為「アウトプット」です。

このうち、日本人はインプットが得意であり、またインプットを重視する傾向があると言われています。

たとえば、中学校で英語の授業が始まってから、ずっと単語と英文法の勉強ばかりだったという人も多いでしょう。いきなり英作文や英会話という実践から入らされたという話は、ほとんど聞いたことがありません。

「準備が整っていない状態で、実践には移行できない」という考え方は、日本の教育の中で根強く存在しています。

ですが、これこそが「勉強している感」を作っている大きな要因となっています。というのも、インプットは「勉強している感」だけが得られてしまう場合が、とても多いからです。

たとえば「この本の内容をインプットしよう」と考えたとき、多くの人はその本を目で見て、読むだけで頭に入れようとするでしょう。ですが、内容を目で追うだけではなかなか頭に入ってきません。

「わかる」と「できる」は違います。説明を聞いて理解している状態のことを「わかる」と言います。ですが、わかっているからといって、問題を解いたり自分でその知識を活かしたりする「できる」の段階までは、自動的に進むことはできないのです。

そしてこの2つの区分のうち、インプットは「わかる」へとつながる道でしかありません。「できる」とは別物なのです。

勉強の目的は「できる」に到達することです。もし試験で結果を出したいなら、問題が「できる」状態にならなければいけません。ビジネスで知識や情報を活かしたいなら、それらを活かして何かが実践「できる」状態であるべきです。

であれば、みなさんの目標は「わかる」ではないでしょう。それなのに、多くの人は「わかる」がゴールであるインプットだけを一生懸命に行ってしまっているわけです。

この点について、『ドラゴン桜』では英語特別講師の川口先生がこんなアドバイスをしています。

でも……東大の英作文これだけ書けただけでなんかできた気になるな
そう！その気持ちが大事！
日本語から英文に変換するこれを何度も繰り返す
これが英語攻略のステップワン！〝読むより作る〟だよ！
『ドラゴン桜』4巻・31限目「英語を使え！」

おおっ……いよいよ
実践形式か！
そいつを
待ってたぜ
いきなり英作文？
そんなの無謀よ！
いいかい……
そもそも日本における
英語教育っていうのは
……
英文を読んで
訳して
内容を理解する
これに主眼を
置いてるんだ

これは欧米の文献を読んで　技術や知識を吸収し　先進国として発展する国家的目的があったからなんだ
だから英語教育も単語を覚える文法を覚える
英文を読んで和訳する日本語から英文に英訳する
この4段階で習得させようとしてるがこれでは途中の過程が多くて　混乱し投げ出したくなる
必勝
日日是決戦
合格
もっと……わかりやすく言えば

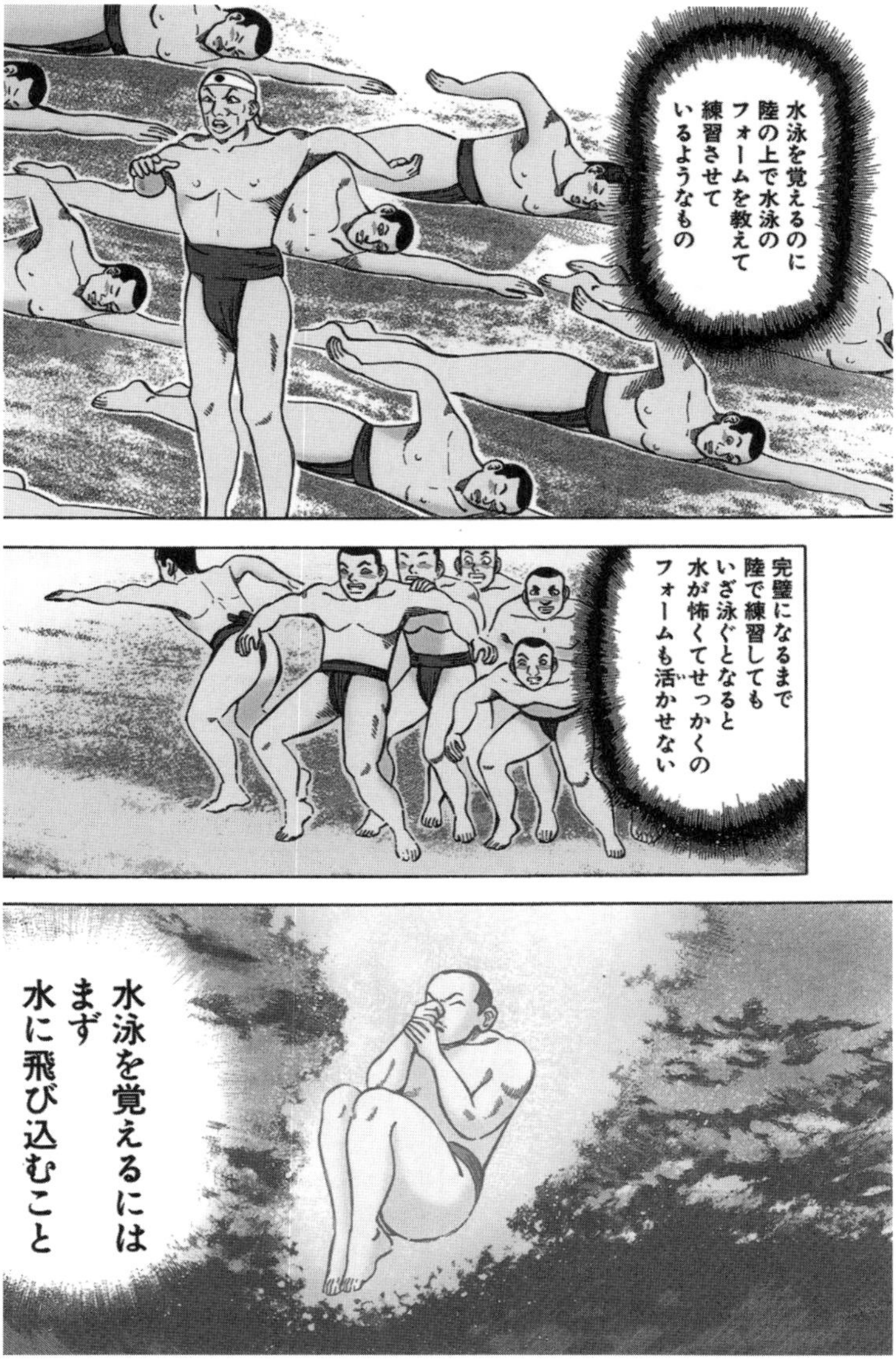
水泳を覚えるのに
陸の上で水泳の
フォームを教えて
練習させて
いるようなもの
完璧になるまで
陸で練習しても
いざ泳ぐとなると
水が怖くてせっかくの
フォームも活かせない
水泳を覚えるには
まず
水に飛び込むこと

犬かきでも なんでもいいから とにかく 浮いて前へ進む
進めば水に慣れ 恐怖心も消える そのうち泳ぎ方を いろいろ試したく なる
フォームも 自然と身につき 知らないうちに 泳いでることになる
読みや文法の学習は どうしても 受け身の勉強 気持ちが受け身では ダメ
始めは訳《わけ》がわからなくても 無理矢理使って 積極的に ならざるをえない 勉強法がいいんだ

「泳げるようになるためには、まず水に入らなければならない」ということですね。泳ぎ方が「わかる」からといって、泳ぐことが「できる」わけではないのです。

なのに、多くの勉強は「泳ぎ方」ばかりを考えてしまうわけです。これでは結果が出なくなってしまうのも当然のことでしょう。

先ほどの【勉強の勘違い1】で、要点がまとまっている参考書についてお話ししました。これがうまくいかない原因も、「要点」＝「泳ぎ方」をまとめているだけで、実際に泳ぐ経験をむしろ少なくしてしまう可能性があるからだと言えるでしょう。自分で調べて情報を整理する、「水に入るような勉強」をあまりすることがなくなるからです。

結果を出すための重要な過程は、「水に入るような勉強」だと言えます。漫画にあったように、語学ならどんどん覚えたことを使ってみる。プログラミングなら、覚えたコードを片っ端から入力してみる。投資の勉強なら、試しに株でもなんでも買ってみて値動きを見てみる。タイパを上げるには、習うより慣れろの姿勢が大事だということですね。より具体的にどうすればいいのかについては、第2章でお話しします。

勉強の勘違い2

しっかりインプットしてから問題を解く方が、成績が上がる

➡「準備をしてから実践しよう」という意識が強いと、結局「わかる」だけで「できる」ようにならない

勉強の
勘違い

3

過去問は最後の力試しにやる

次の勘違いは、試験勉強のやり方についてです。大人になってからの勉強では、キャリアアップのために国家資格試験や、英語をはじめとした語学の検定試験を受ける人も多いと思います。本番の試験を受ける前に、予行練習として過去問や模擬試験を解くのは常識ですよね。出題傾向をつかんだり、実力判定のためには欠かせない作業です。

重要なのは、その時期です。みなさんは過去問に初めて手をつけるのは、どのタイミングがベストだと思いますか？

正解は、「勉強を始めた最初の段階でやる」です。

「えっ、勉強し始めたばかりのときなんて全然解けないから、やっても意味ないでしょ」と思われましたか？　それが3つ目の勘違い、「過去問は最後の力試しにやる」です。

たしかに、勉強をほとんどしないまま試験問題を見てもチンプンカンプンで、解けるところはゼロに等しいかもしれません。

ですが、それでかまいません。最初に過去問に取り組む目的は、問題を解くことではなく、自分が目指すべきゴールの確認なのです。


過去問を「しっかりと基礎を固めてからやろう」と本番直前までやらずに、最後の力試しとして解こうとする人が多いです。その場合、実際の試験でどんな問題が出るのか、どんな形式で問われるのかを知らないまま勉強することになります。

そうすると、どのような知識やスキルが必要で、どんなポイントを意識して勉強すればいいのかもわかりませんよね？　先に試験問題を見ておかないと、本番で求められることがわからないのです。

また、勉強を始めた時点での自分の実力を知ることもできません。言うなれば、知らない土地で現在地も途中の経路もわからないまま、ナビ機能なしで目的地まで向かうようなものです。

これではとても最短距離でゴールまでたどり着くことはできません。タイパの面では、非常に悪手と言えます。『ドラゴン桜2』でも、東大受験に向けて一番最初にやったことは、過去問の勉強でした。

今年度のセンター試験だ
地理歴史
セ……
センター試験？
机の上は筆記用具だけにしろ
ちょ……ちょっと待って下さい

『ドラゴン桜2』2巻・9限目「弟に比べてダメな兄」／『ドラゴン桜2』2巻・10限目「東大合格第一条『己を知る』」

センター試験て3年生になって翌年の冬に受けるんじゃないんですか？
そんなことはない現にこの学校の難関大コースの2年生は先月にテストをしたはずだ
たしかに……希望して受けた人たち何人かいた
その年のセンター試験は学校で2年生もトライしてみる
進学に力を入れている高校では常識だ
そもそもお前たちは3年間の全過程を2年生までに履修している
それならばセンター試験の問題も解けるはずだ

建て前ではそうなってるけどテスト勉強していないのに受けるのはちょっと……
つべこべ言うな始めるぞ
あと一つだけ聞かせて下さい
どうして今センター試験を受けるんですか？
決まってるだろ
お前たちの学力のデータを取るためだ

学力のデータを
取るため？
そうだ
センター試験は
学力の正確な数値を
計るためには
最適の教材だ！

自分の学力を知る……
最適の教材
センター試験で何点取れるかがわかれば今の学力を測定できる
今の学力の測定って……
やっぱり必要ですか
当たり前だ！今の学力を知らずして対策が立てられるか

ではなぜセンター試験で学力が測定できるか
それはセンター試験には良問が多いからだ
良問……
試験問題にも良い悪いがある
センター試験は全国の大学教授が膨大な量の問題を作成
その中から本番に使用する問題を厳選して出題されている

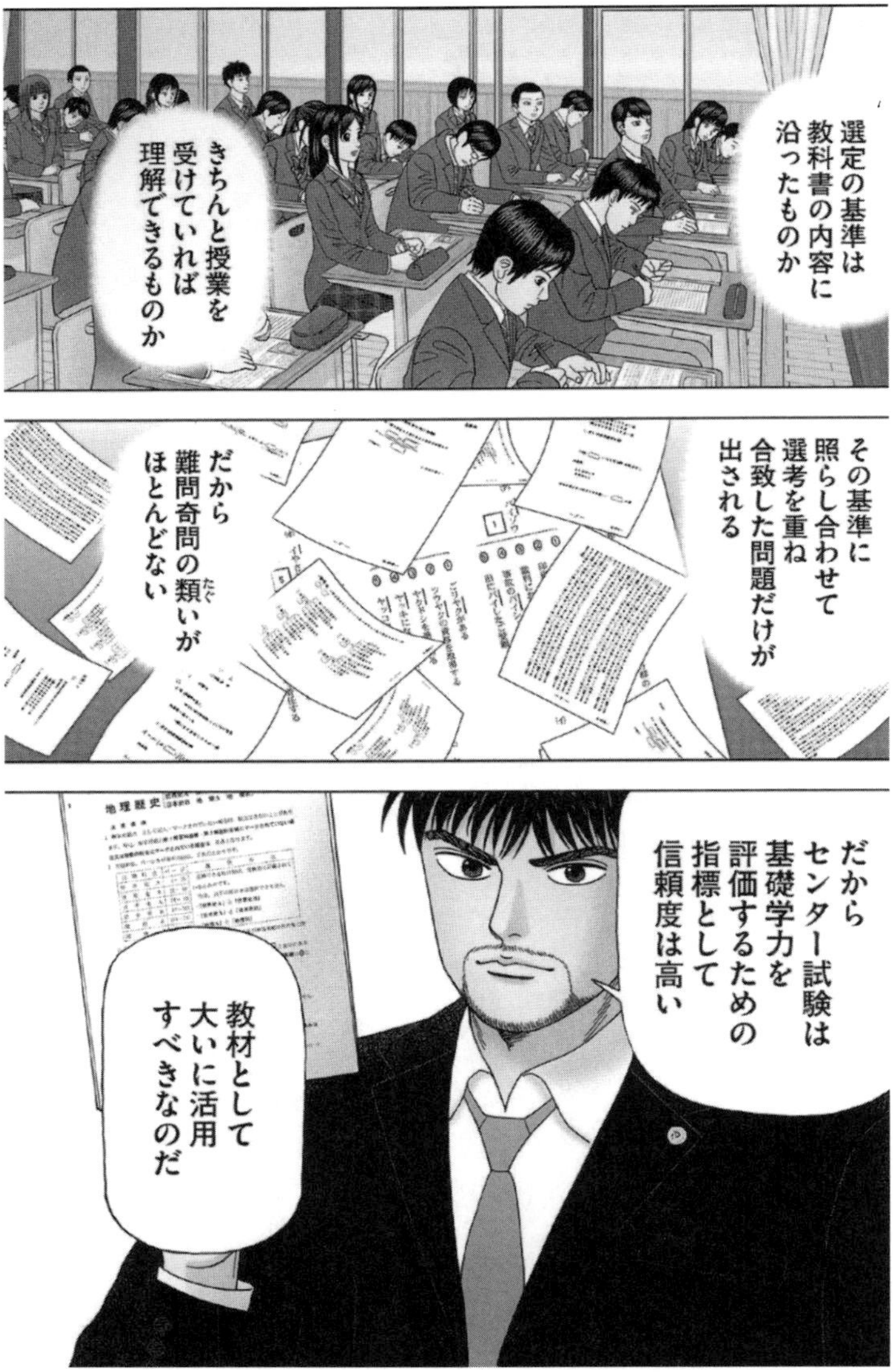
選定の基準は教科書の内容に沿ったものか
きちんと授業を受けていれば理解できるものか
その基準に照らし合わせて選考を重ね合致した問題だけが出される
だから難問奇問の類《たぐ》いがほとんどない
地理歴史
だからセンター試験は基礎学力を評価するための指標として信頼度は高い
教材として大いに活用すべきなのだ

へえ……
そうだったんですね
わかったら
始めるぞ
水野《みずの》
時間割りを
書け
はい
あの
でも……
まだ
なんかあるのか

今の自分の学力を知るのが怖いっていうか……
だよね……わかったら一気に自信失いそう……
時00分～10時00分　日本史B
世界史B
何を甘ったれたこと言ってんだ
自分の力を知ろうとしないヤツに東大合格はないいっ！

裏を返せば……
自分の学力を積極的に知ろうとする生徒が東大に合格する！
今の自分の力はどの程度か全国で どの位置にいるのか
何が足りて何が足りないのか
自分の実力を客観的に数値化して把握する
常に自分のデータを分析して戦略を立て実行する者が目標を達成するのだ

東大合格
秘訣の第一条は……
まず
「己を知る」
ことだ！

先ほどの【勉強の勘違い2】で「水に入るような勉強」が大事だと言いましたが、勉強を始めた段階でいきなり過去問を解くのも同じ側面を持っています。

当たり前のことですが、最初はまったく解けないと思います。当然です、最初の段階で解けるのであれば、勉強などしなくていいのですから。

重要なのは、漫画でもあった通り、まずは自分の現在地とゴールとの距離を知ることです。そうすると、何を意識して勉強すべきなのかを知ることができます。タイパを上げるために、過去問を先に解くことは必須の行為と言っていいのです。

みなさんの中には、「別に資格とかのために勉強するわけじゃないんだけどな」という人もいるかもしれません。ただ、試験を受けるわけではない勉強の際にも、「ゴール」を意識することはとても重要です。「英語ができるようになりたい」「教養を身につけるための勉強をしたい」と考えている場合でも、きちんと「最終的にどこまでいきたいのか」を明確にする必要があります。

明確なゴールがないと、勉強を始めても三日坊主で終わるでしょう。私も20代の頃、政治や経済、歴史などの勉強を始めてすぐにやめたことが何度もありました。「大人なんだから世の中のことを知っていないと恥ずかしいな」と思って本を読み始めるのですが、どうにも勉強の習慣が続きません。目指すレベルがはっきりしていないため、やるべきことが無限にあるような感じがして、やる気がなくなってしまうのです。

もちろん、やり始めてみたら興味が湧いて、どんどん面白くなっていくこともあるでしょう。ただ、それはレアケースだと思ってください。たいていは私のように三日坊主で終わるのがオチです。勢いだけで始めた勉強は、ゴール地点がはっきりしていないので長続きしないのです。

反対に、目標さえしっかりしていれば努力は続きやすいものです。

これは行動経済学の話ですが、たとえばマラソンをしているときに「もう無理だ！これ以上は走れない！」と思ったとしても、「あと50ｍ先にゴールがあるよ」と言われると、「もう少しでゴールなのか、じゃああと50ｍ頑張ってみよう！」という気になるものです。人間は数字で明確な目標があって、あとどれくらいでゴールなのかが見えれば、モチベーションが上がるものなのです。
自分のやっている勉強がマラソンだとしたときに、今スタート地点からどのあたりにいて、あとどれくらい頑張ればゴールなのかを意識しながら取り組めているという人は、あまり多くないと思います。「どこまでやったのか」を意識することが、まずは大事なのです。

ですから、「どこまでいきたいのか」というゴールが見えている状態が望ましいのです。そのひとつが過去問であり、趣味や教養のためといった試験を受けないような勉強であっても、過去問と同じような「ゴール」を先に決めておく必要があるわけですね。
具体的にこの「ゴール」とどう向き合っていくかについては、第3章でお話しします。

勉強の勘違い3

過去問や模擬試験は最後の力試しにやる

↓過去問の勉強から始めないと、目指すべきゴールがはっきり見えず無駄な勉強が多くなる

勉強の勘違い

4

学生時代と同じ勉強法が一番自分に合っている

さて、【勉強の勘違い3】は過去問や目標についての話ではありましたが、もうひとつ大きなテーマだったのは「現在地を知るための努力」でした。自分の現在地とゴールが明確だから、現在と未来を結ぶように自分のやるべきところが見える、という話でしたね。

そしてそう考えたときに、「自分の現在地」を知るための努力というのも必要です。多くの人がしてしまう勘違いとして、今までやっていたやり方が正しいとばかり考えて、自分の勉強法が自分に合っていると思い込んでしまう場合があります。「今までそうしてきたから」とばかり考えてしまって、本当は窮屈な勉強をしてしまっているかもしれません。

たとえば、小学生の頃に「何度も漢字を書く勉強」をしていたことはありませんでしたか？　覚えているものでもそうでないものでも一緒くたにして、「10回ずつ書いてくるのが宿題！」と言われたことがあると思います。

「こんなことして何の意味があるんだ！」と思った人もいれば、何だか意外と書くのが楽しくなったという人もいると思いますが、あの勉強ってどうして学校が課しているかご存知ですか？　何度も書く勉強の意味は、小さなときに、一生使うであろう言葉を、骨身に染みて覚えてもらうためです。あの勉強をしていた人であれば、20歳になっても30歳になっても、頭の中で覚えていなかったとしても、ペンを持てば書けたりします。

逆に、考えてしまうと覚えていたものが抜けてしまうこともあります。「あれ、完璧の璧って、壁じゃないんだっけ？　こっちの漢字を使うイメージだけど、手を動かしていたら璧って書いたな」というように、無意識でやっていることを改めて考えると混乱するようなときがありますよね。考えなくてもできるのは、小さいときの訓練の賜物なのです。

また、みなさんはどんな風に九九を覚えましたか？　九九というのはとても奥深いもので、たとえば「4×5＝20、4×6＝24、……」というように覚えていくことで、「4の段は答えが4ずつ増えていくんだ。つまり、かけ算は足し算の延長線上にあるんだ」ということを理解する、いいきっかけになるものです。

ですが、多くの人はそんなこと一切考えずに、「しごにじゅう、しろくにじゅうし、……」と、とにかく何度も何度も口に出すことで覚えていたと思います。これは子どものときの脳が、丸暗記に適した仕組みになっているからです。

一方、大人になると脳の働きが変わり、このような無意味な内容を記憶するのが難しくなることが、さまざまな研究によってわかっています。

勉強には、タイミングがあります。適切なタイミングで適切な勉強をする必要があるのです。

それなのに、多くの人は昔からやってきたやり方と同じやり方をずっと繰り返してしまいます。変わるのは脳の働きだけではありません。常識も時代によって変わります。たとえば、昔は何時間もぶっ続けで机にかじりついたり、睡眠時間を削ってでも勉強するのをよしとする風潮がありました。「勉強＝苦しいもの」というイメージがある人は非常に多いのではないでしょうか？　今はそのようなやり方は非効率的であることが証明されています。勉強法や学習ツールは日々進化しています。学生時代と同じやり方を、大人になってからやっていても、意味がないのです。

『ドラゴン桜2』では、このことについてこんな風に説明しています。

日曜日から1週間
合宿ですので……
ん……
で……
勉強プログラムは
どうする
詳細は
こちらに……

『ドラゴン桜2』7巻・50限目「大人の役割」

それで
一日の勉強時間が
16時間か
はい
私たちが
そうでしたから
時代が
違うだろ
は？
あれから
何年経《た》ったと
思ってるんだ
何年って…

お前がやろうとしていることは
鉄道の時代に馬車の扱い方を教えようとしているみたいなものだ

鉄道の時代に
馬車？

鉄道が走っている時に若者に馬車の扱い方を教えようとしても誰も聞かない
当然だ 馬車は必要ないのだから
その時には馬車の扱い方は一般の人々にとって不要なもの
個人の価値観から除外されたものになる
そうやって人々の価値観は次々と変化する
社会に登場するテクノロジーの進化とともに書き換えられていく

テクノロジーの変化とともに社会は複雑化していく
人々の価値観も多様になっていく
価値観の変化とともに勉強の仕方も変わる
合理性と効率化の時代にフィットすることが求められる
日々是決戦
だからといって基礎となる知識を詰め込むことが必要なことには変わりはない
大事なのはそのコンセプト受動的で苦痛を感じるトレーニングは現代では否定されている
必勝
必勝
必勝

強制と
服従の時代は
終わったんだよ
お前の
成功体験なんて
ただのゴミだ
さっさと
捨てろ

時代の流れというのは、いろんな分野でよく言われることです。スポーツの世界でも、昔はとても高圧的な監督が「とにかくこうしろ！」と言って、体罰も辞さない姿勢でスパルタで教えていたと思いますが、今はそんな指導をしたらパワハラで訴えられてしまいます。

これと同じで、勉強も時代や年齢に合わせる必要があります。

具体的な対処法については、第4章でお伝えします。

勉強の勘違い4

学生時代と同じ勉強法が一番自分に合っている

↓ 年齢とともに脳の働きが変わる。時代と年齢に合った勉強法に変えるべき

勉強の勘違い

5

コツコツ努力できるかどうかは才能の問題

最後の勘違いは、「コツコツ努力できるかどうかは才能の問題である」というものです。

みなさんは、何かを始めて三日坊主で終わってしまったり、中だるみしてしまった経験はありませんか？　最初に自分で決めた計画をきちんと実行するのは、なかなか難しいことですよね。

ただ、問題なのはそうなった後の話です。みなさんはどんな風に対処しているでしょうか？

おそらく、精神論でなんとかしようとするのではないでしょうか？「ああ、自分はなんて意志が弱いんだ」と考えて、「もうサボらないぞ！　きちんとガッツを持とう！」「サボりの原因になるスマホは封印だ！」と。

はっきり言うと、これはナンセンスでしかありません。もちろん、短期的には効果を発揮することは認めます。

しかし、ガッツでなんとかするということは、ガッツが尽きたらもうその時点で終わりです。問題の先送りでしかないのです。「歯が痛い！」と言っている患者に痛み止めを渡すようなもので、根本的な部分にアプローチしなければ「歯が痛い」という問題は解決しないのです。これでは多くの場合、長期的には失敗してしまいます。

そして、こう考えるようになるのです。「自分には、努力する才能がない」、と。

「努力する才能」――これは、スポーツや芸術などの分野で一流の人を指して「あの人はスゴイ。あんなに努力できるのもまた才能だね」というような言い方をします。そう聞くと、「努力できない自分はダメなんだ。才能がないならやってもムダじゃないか」

と思う人もいるでしょう。

ですが、勉強を続けられるかどうかについて、才能は関係ありません。才能ではなく、「いかに、精神論に頼らずに対処できるか」によって、継続できるかどうかが変わるのです。

重要なのは、何かの力を借りることです。自分で努力する代わりに、モノを利用して解決してしまえばいいのです。

たとえば、目覚まし時計を使って朝起きている人はどれくらいいるでしょうか？　アラームをセットして朝起きる時間を決めている人はどれくらいいるでしょうか？　たいていの人は気合いで起きようとはしていませんよね。機械の力を借りて、起きる時間を設定していることが多いはずです。というよりも、この問題を気合いでなんとかできるでしょうか？　「明日のミーティングは絶対に遅れられない！　だから気合いで7時に起きるぞ！」と頑張る人などいませんよね。

自分のやる気のなさを気合いでなんとかしようとしている人は、それと同じです。「朝起きる」のも、「自己管理をする」のも、同列の問題です。自分で何ともならないのであれば、自分に頼っていてはいけないのです。

そして、こういうときこそ、新しいテクノロジーを使うべきだと私は思います。気合いや根性の問題にしたり、「自分はダメな人間だ」と思い込んだりする前に、新しい技術を取り入れるべきなのです。

このことについて、桜木先生はこのように述べています。

『ドラゴン桜2』10巻・79限目「アップデート力」

人には皆
変わりたい願望が
ある
三日坊主を
卒業したい
人前でアガる
癖を直したい
オンとオフの
切り替えが
上手《うま》くなりたい
カンパーイ
何事にも
積極的に
なりたい

そういう時に人は自分のメンタルを変えようとする
自己改革をしようとする
そのために自己啓発の本を読んだりセミナーに参加して思考を見直すことに取り組む
自分で自分の内面を変えようとする！
新しい自分に生まれ変わろうとする！

しかし結果的に失敗する
当然だ人は性格なんて直せないからだ！
三日坊主を思考を変えて克服することは絶対に無理なのだ
だからもう自分で自分を変えようなんて思うな！
自己改革なんてやめろ！

自分を変えたかったらモノを使え！
世の中にある最新テクノロジーや便利な仕組みに頼れ！
スマホのアプリはその典型だ！
計算の達人
Clear
Notebook Sharing app
探せばいくらでも出てくる
スタディサプリ
みんチャレ
Studyplus
面白そうなモノはどんどん試す！
試して捨てて試してを次々と繰り返す！
Appで勉強しよう

そのうちに
人は変わる
新しい思考が
自然に
身についている
三日坊主が
長続きするように
なり
人前でアガらず
オンオフができて
積極的になっている
それもこれも
モノを利用したから!
仕組みに
頼ったから!
みんチャレ
新しい自分になろう。

問題解決も同じだ
自分一人で悩むな
人に頼れ
世の中にある
便利な仕組みを
使え
みんチャレ
新しい自分になろう。
仕組みが
あることを
知れ!
新しい自分になろう。
新しい習慣が、新しいあなたを作ります。
さぁ、仲間と一緒にはじめましょう。

テクノロジーやモノに頼るというのは、「精神論ではなく、仕組みによって自分を変える」ということにほかなりません。性格や才能の問題を自力で何とかしようとするより、仕組みを利用した方がはるかに手っ取り早いのです。

そして今の時代、自分を変えるために効果的な「モノ」はたくさん存在しています。スマホアプリも日進月歩で発達していて、使えば自分の勉強の効率を上げてくれるものばかりです。集中力を上げてくれるアプリもありますし、勉強計画の進捗をデータ化してくれるアプリもあります。勉強の習慣化を促してくれるアプリもありますし、暗記の効率を上げてくれるアプリだって存在しています。

「今までの苦労はなんだったんだ」と思えるほど素晴らしいものがたくさんあって、それに実は多くの人は気づけていないだけかもしれないのです。

これについては第5章で、様々な具体例をあげながら説明します。

勉強の勘違い5

コツコツ努力できるかどうかは才能の問題

↓習慣化できないのは仕組みを活用していないから。考えなくても動けるようにシステム化する

第1章

「勉強している感」だけで終わらない!

結果を出す人になるためのインプット術

1

参考書や単語帳は「汚す」べし

さて、ここからは序章で説明した5つの【勉強の勘違い】について、章ごとに1つずつ、具体的な対処法を解説していきます。

まず1つ目の勘違いは「要点がまとまった本・参考書を使うと、成績が上がる」というものでしたね。本を読んで終わりにしたり、蛍光ペンで線を引いて終わりといった「勉強している感」で満足していては、いつまで経っても結果が出ません。

きちんと自分の手を動かして勉強する必要があります。そこでこの第1章では「インプットした情報の整理の仕方」を紹介したいと思います。

みなさんが使っている参考書や単語帳は、どのような書き込みがしてあるでしょうか？　それとも書き込みがなく、きれいな状態でしょうか？　きれいな状態の参考書の方が使いやすい感覚があると思いますし、見やすいと思う人も多いでしょう。

ですが、参考書や単語帳にはいろんな「改造」をしていく方が、記憶に定着しやすい場合が多いです。改造をすると、「自分だけの完璧な参考書・単語帳」を作ることができるからです。

英単語帳を例に考えてみましょう。意味や発音だけでなく、熟語や例文など「すべての情報が載っている完璧な単語帳」が市販されていたとします。そのままだと情報量が多すぎて、自分にとって何が重要なのかがわかりません。とはいえ、あなたが覚えていない英単語や苦手な英単語にだけ詳細な説明が書いてあって、もう暗記している英単語の説明は程よく省かれている……そんな都合のよい英単語帳はどこにも売られていませんよね。

ですから、自分にとっての「完璧な参考書・単語帳」は、自分で作るほかないのです。自分なら、何が苦手で、何が得意で、どんな勉強をすればいいか把握できるからです。

ここでは、市販の単語帳をもとに自分だけの「完璧な参考書・単語帳」を作る方法を紹介します。そのまま英語を例にして説明していきますが、どんなジャンルの勉強にも応用できる方法なので、ぜひ自分流でアレンジしてみてください。

まず、市販の参考書・単語帳を1冊用意します。このとき、別に参考書や単語帳の情報が多いかどうかはあまり考慮する必要はありません。

そして、その参考書・単語帳にマークをしていきます。もう暗記している単語には「○」、暗記できていない単語には「×」、微妙な単語には「△」のマークをつけます。後から「この単語はもう覚えたぞ！」となったり、「覚えていたつもりだけど、意外と忘れてるな……」となってマークを変えることもあるので、鉛筆やシャーペンなど、後から書き直せるようなもので書きましょう。あるいは、付せんで色分けをしてもいいですね。

さらにそこに、関連する情報・付随する情報を書き足していきます。類義語・反対語・派生語・その他の「覚える必要がある関連情報」を辞書で調べて、単語帳に直接書き込みます。その単語帳に書いていない情報を書き込んで、単語帳の情報量を増やしていきましょう。

新しい情報を書き込んだら、今度はその新しい情報を「覚えやすくするための」情報を書き込みましょう。語呂合わせ、イラスト、例文、なんでも結構です。自分にさえわかればいいので、見た目を気にしすぎる必要もありません。

勉強する際に、しっかりと参考書・単語帳にこのような情報を書き足していくことで、あなたの参考書・単語帳は元の状態よりもはるかにグレードアップした状態になります。

自分の暗記していない単語を中心に、単語に付随して暗記すべき関連情報、それを覚えやすくするための情報まですべてが一冊に詰まった、世界にひとつだけの参考書・単語帳ができあがります。

このような改造をどれくらい施せるかが、勉強においてはとても重要になってくるのです。

グレードアップが完了した後も、問題を解いたりほかの単語帳・参考書を読んだりしてまだ書き加えてない情報に出会ったら、その都度どんどん書き加えていきましょう。みなさんの頭と一緒に、改造の度合いも進化させていくのです。「自分だけの単語帳」は活用してこそ輝くので、勉強する際は常に手元に置き、新たな情報を随時更新して暗記に役立てましょう。

2

メモリーツリーを作っていく

とはいえ、最初は「関連情報・付随する情報ってどうやって書いていけばいいんだろう？」と悩んでしまうかもしれません。そんなときに重要なのは、メモリーツリーという考え方です。これは記憶術の一種で、「ツリー＝木」という言葉の通り、土台となる情報を木の幹に、そして関連する情報を枝葉のように見立てます。お互いの情報を一本の木のようなグループにまとめて、イラストなどを利用しながら頭に残りやすくしていくのです。

これについては『ドラゴン桜』で描かれているので、確認してみましょう。

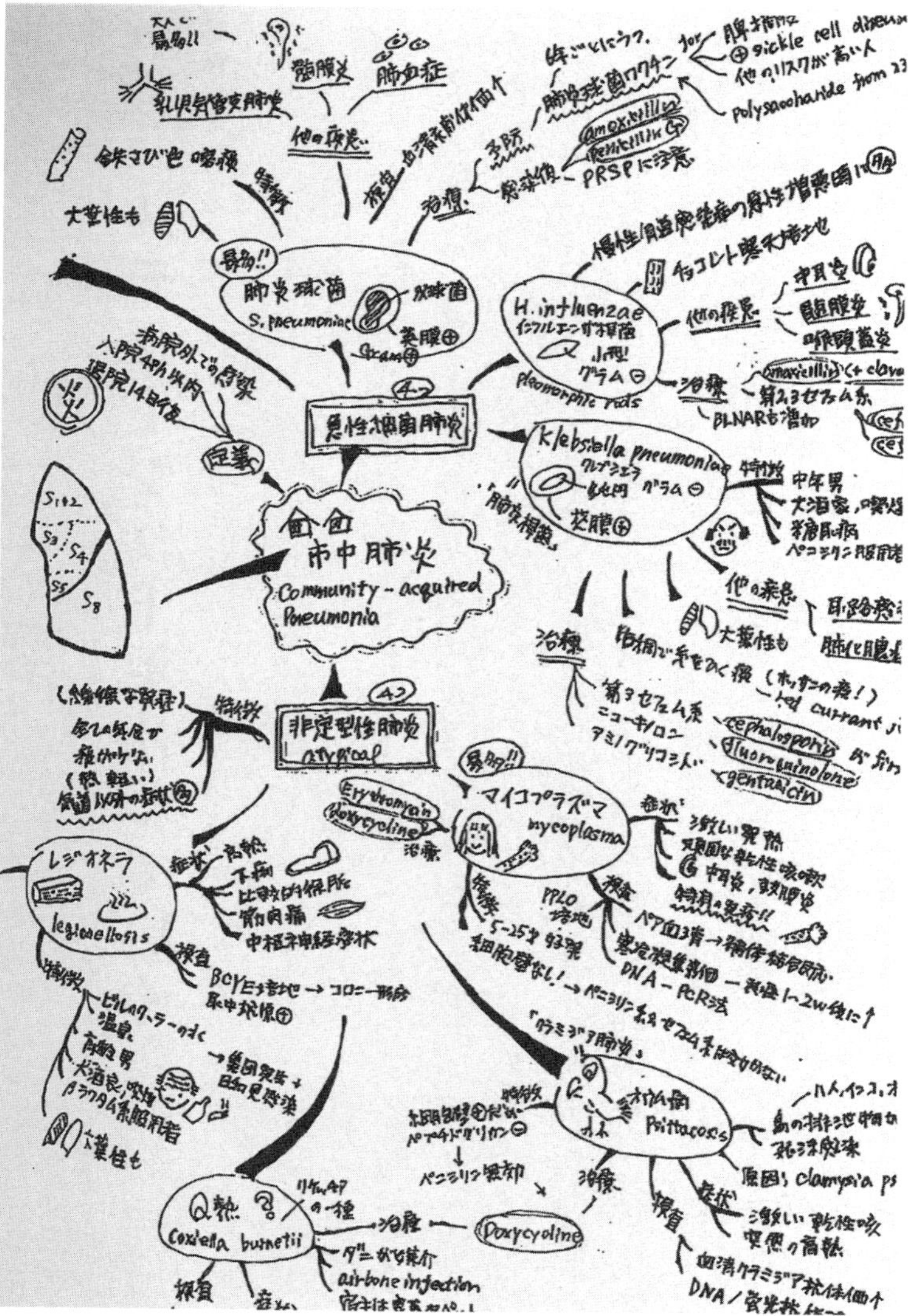

『ドラゴン桜』7巻・63限目「東大医学部生のノート」

こちらは水野《みずの》さんへ
矢島《やじま》君用のコピーもありますよ
これってゴチャゴチャしてて本当にこんなノートがすごいわけ？
こんなんで記憶が良くなるのかな？

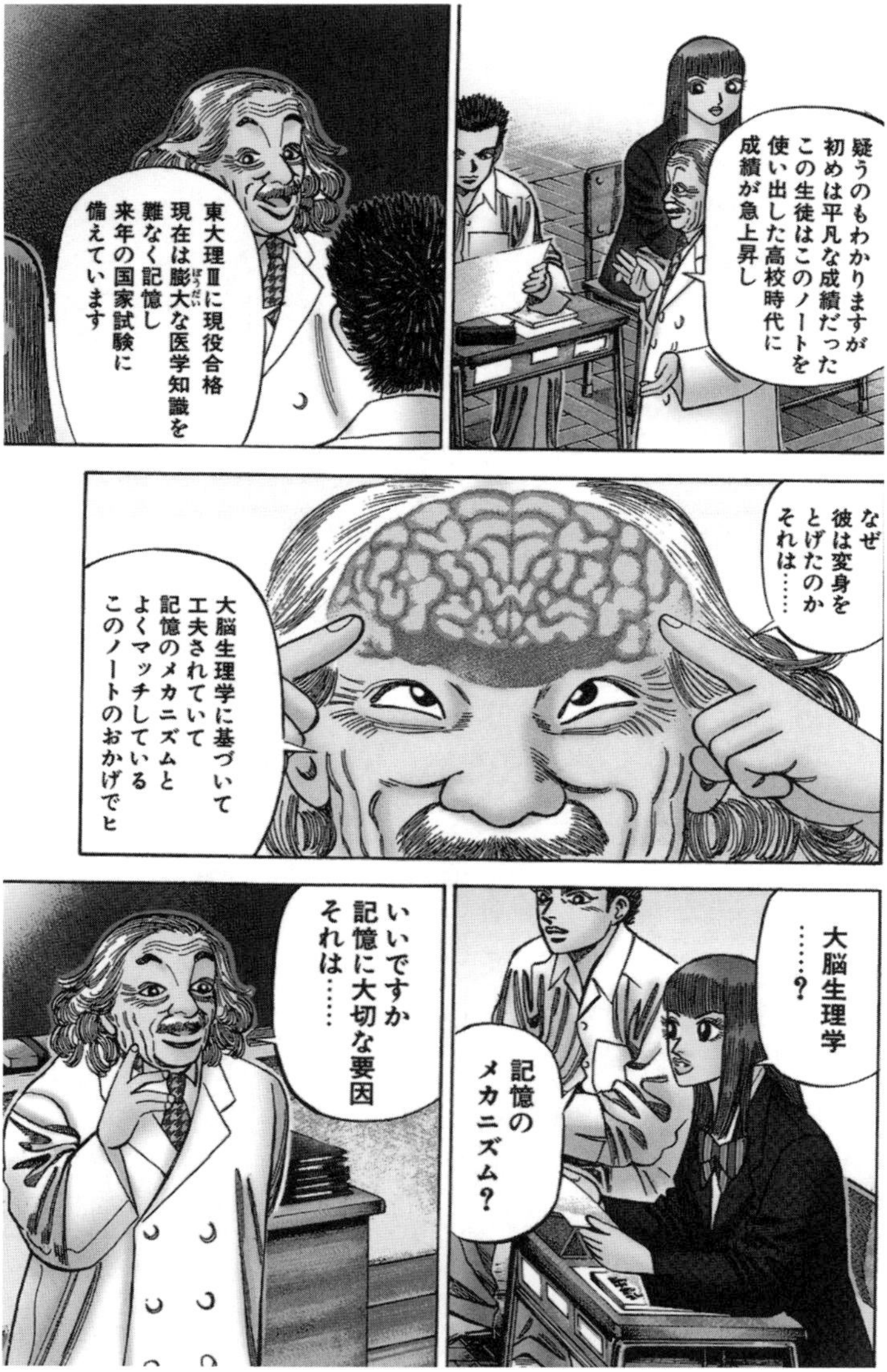
疑うのもわかりますが
初めは平凡な成績だった
この生徒はこのノートを
使い出した高校時代に
成績が急上昇し
東大理Ⅲに現役合格
現在は膨大《ぼうだい》な医学知識を
難なく記憶し
来年の国家試験に
備えています
なぜ
彼は変身を
とげたのか
それは……
大脳生理学に基づいて
工夫されていて
記憶のメカニズムと
よくマッチしている
このノートのおかげでヒ
大脳生理学
……？
記憶の
メカニズム？
いいですか
記憶に大切な要因
それは……

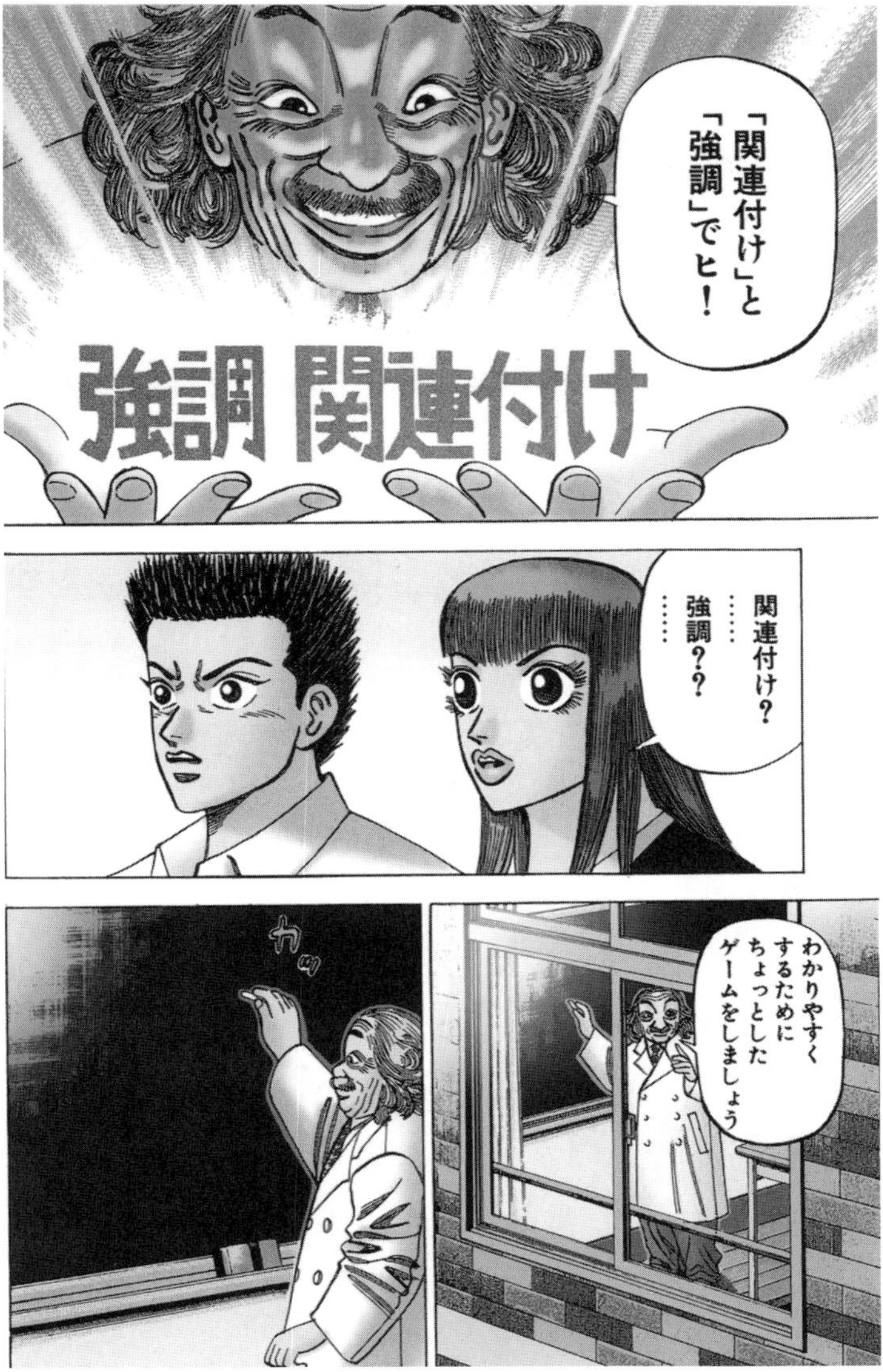
「関連付け」と「強調」でヒ！
強調 関連付け
関連付け？……強調？？……
わかりやすくするためにちょっとしたゲームをしましょう
カッ

新潟、コーヒー、カメラ、手帳、電話、
タクシー、温泉、コンビニ、歯ブラシ、橋、
紅葉、猿、山小屋、お刺身、月、
黒板の単語を2分間見て順番に記憶して下さい
2分ね……
ヨーイ始め！
新潟……コーヒー……カメラ……手帳……
はい　では消します
オッケー
では矢島君3番目はなんでしたか？
3番目？

新潟
コーヒー
あ……
カメラ
はい
正解
水野さん
5番目は？
えっーと……
電話
矢島君
8番目は？
8番……
ええっと
タクシー
……
あれ……
何だっけ？
コンビニです
ああっ
そうだった！
水野さん
11番目は？

あれ……
歯ブラシ？
じゃないかも……
出てこない……
バラバラの言葉を
順番に記憶するって
難しいものですよね
もう……
くやしいなぁ
では……
このように
覚えたら
どうでしょう
新潟、コーヒー、カメラ、手帳、電話
タクシー、温泉、コンビニ
紅葉、猿
新潟に旅行して
駅でコーヒーを飲み
カメラで記念写真を
撮ってから手帳を
調べて
地元の友人に電話
タクシーに乗って
温泉へ……
という風に
ストーリー仕立てに
したら……

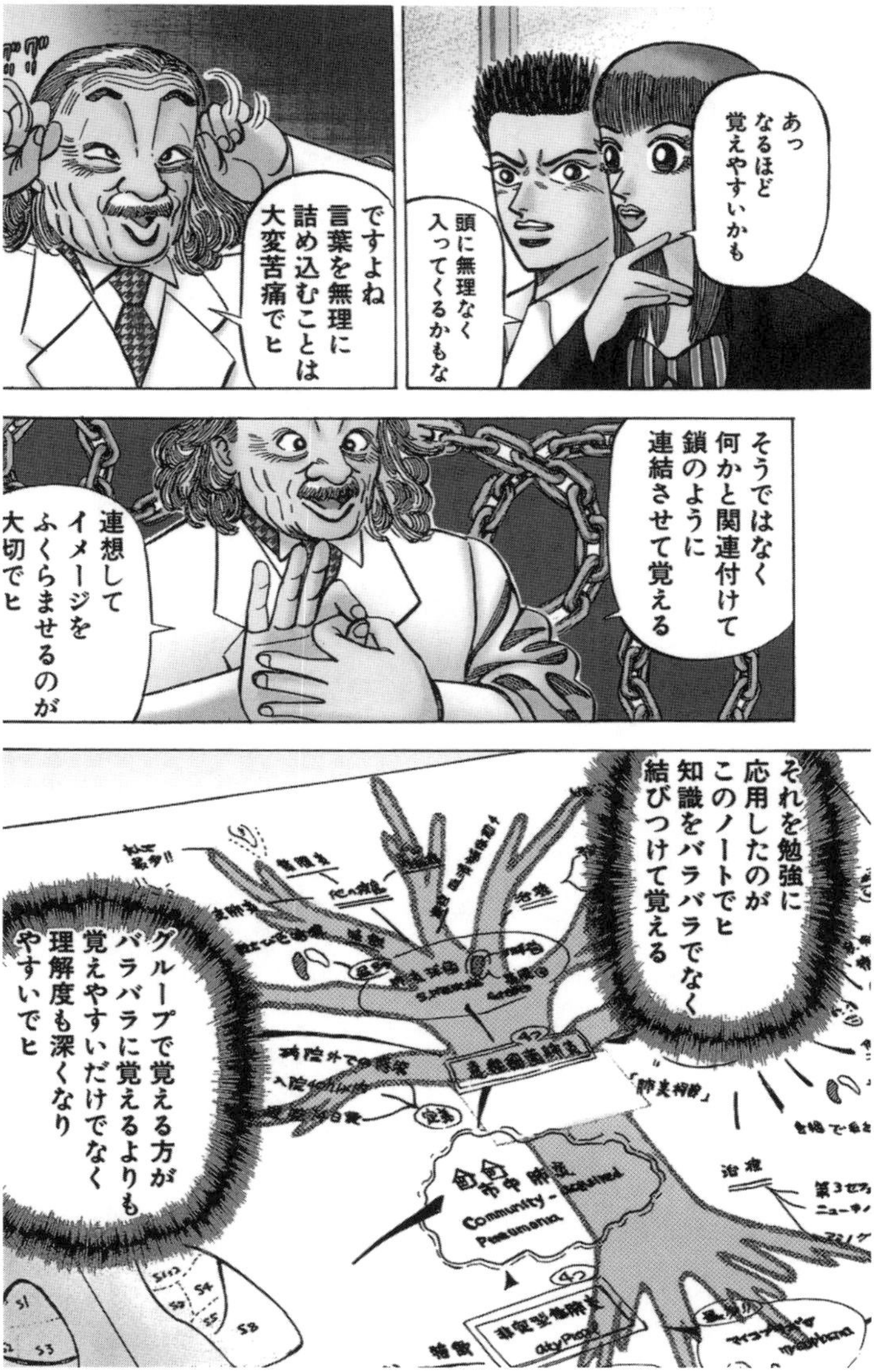
あっ なるほど 覚えやすいかも
頭に無理なく 入ってくるかもな
ですよね 言葉を無理に 詰め込むことは 大変苦痛でヒ
そうではなく 何かと関連付けて 鎖のように 連結させて覚える
連想して イメージを ふくらませるのが 大切でヒ
それを勉強に 応用したのが このノートでヒ 知識をバラバラでなく 結びつけて覚える
グループで覚える方が バラバラに覚えるよりも 覚えやすいだけでなく 理解度も深くなり やすいでヒ

そうか……このメモリーツリー一本が大きな一つのグループになるわけね
そうでヒ
まず頭の中に大きな木を一本イメージする
そしてもっとも重要な事柄が太くて大きい幹にあたる
それに関連する様々な事柄が先へと広がっていく枝であり生い茂る葉でありメモリーツリーを豊かにする

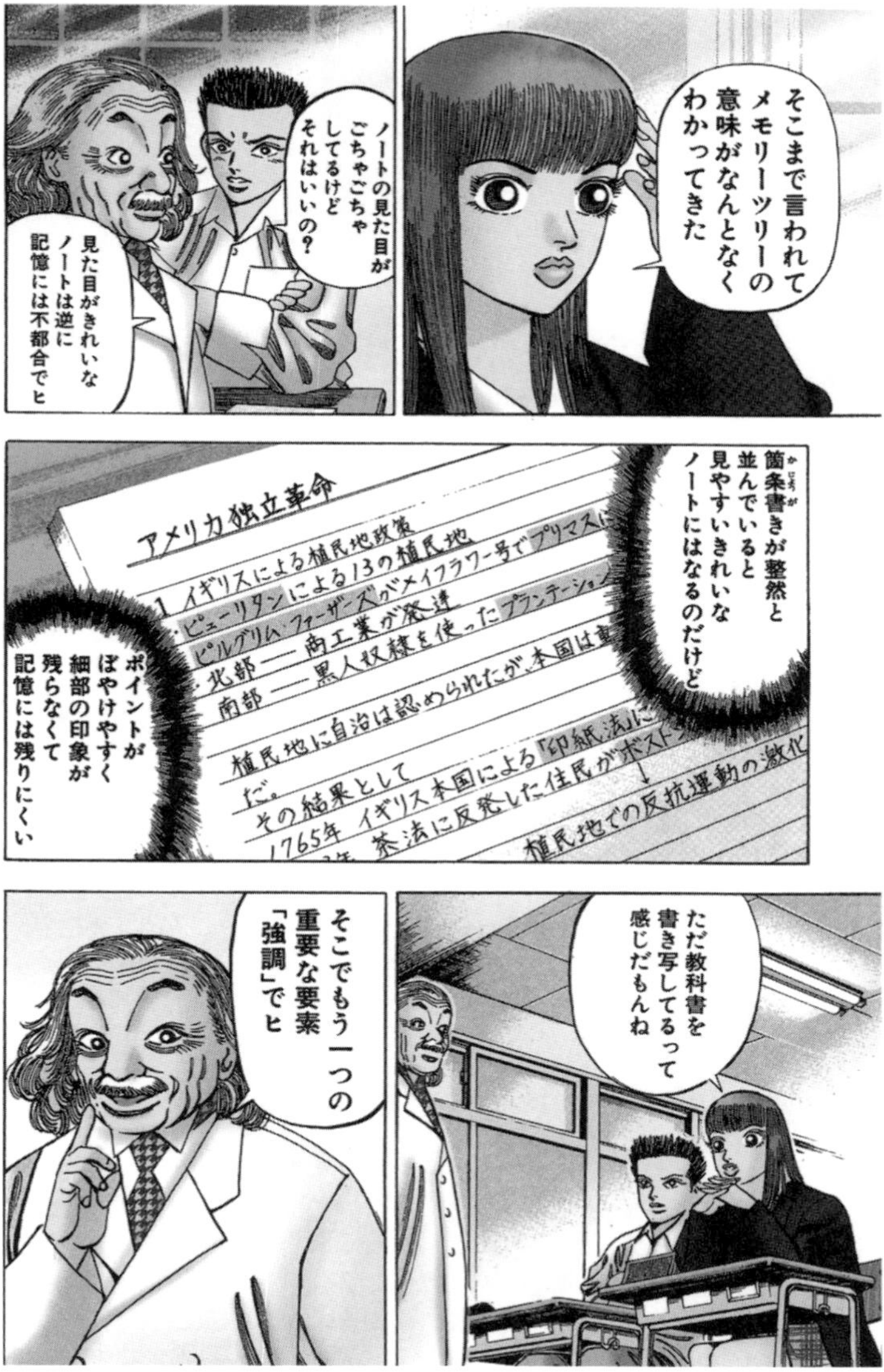

そこまで言われて
メモリーツリーの
意味がなんとなく
わかってきた
ノートの見た目が
ごちゃごちゃ
してるけど
それはいいの？
見た目がきれいな
ノートは逆に
記憶には不都合でヒ
箇条《かじょう》書きが整然と
並んでいると
見やすいきれいな
ノートにはなるのだけど
アメリカ独立革命
ポイントが
ぼやけやすく
細部の印象が
残らなくて
記憶には残りにくい
ただ教科書を
書き写してるって
感じだもんね
そこでもう一つの
重要な要素
「強調」でヒ

二人とも
このノートを
よく見てください
ところどころに
絵が描かれていますね
わかりますか？
水野さん
非定型性肺炎
atypical
マイコプラズマ
mycoplasma
あっ……
言われてみると
確かに変な絵が
描いてある
これが……
先ほど言った
「強調」でヒ
こんな落書き
みたいなのが
どうして？
いいですか

絵やシンボルを使うと左右の脳をフルに使って記憶ができるのでヒ
primitive 原始的な
おごれる人
intrude 侵入する
experiment 実験
ゴールドラッシ
春は曙
左右の脳？
左脳は言語 右脳はイメージを処理しているのでヒ
つまり絵の印象が強ければ左脳で思い出せなくても右脳で思い出せるかもしれない
つたなくてもいいから横に絵を描く そうすればよりしっかりと頭に残るのでヒ

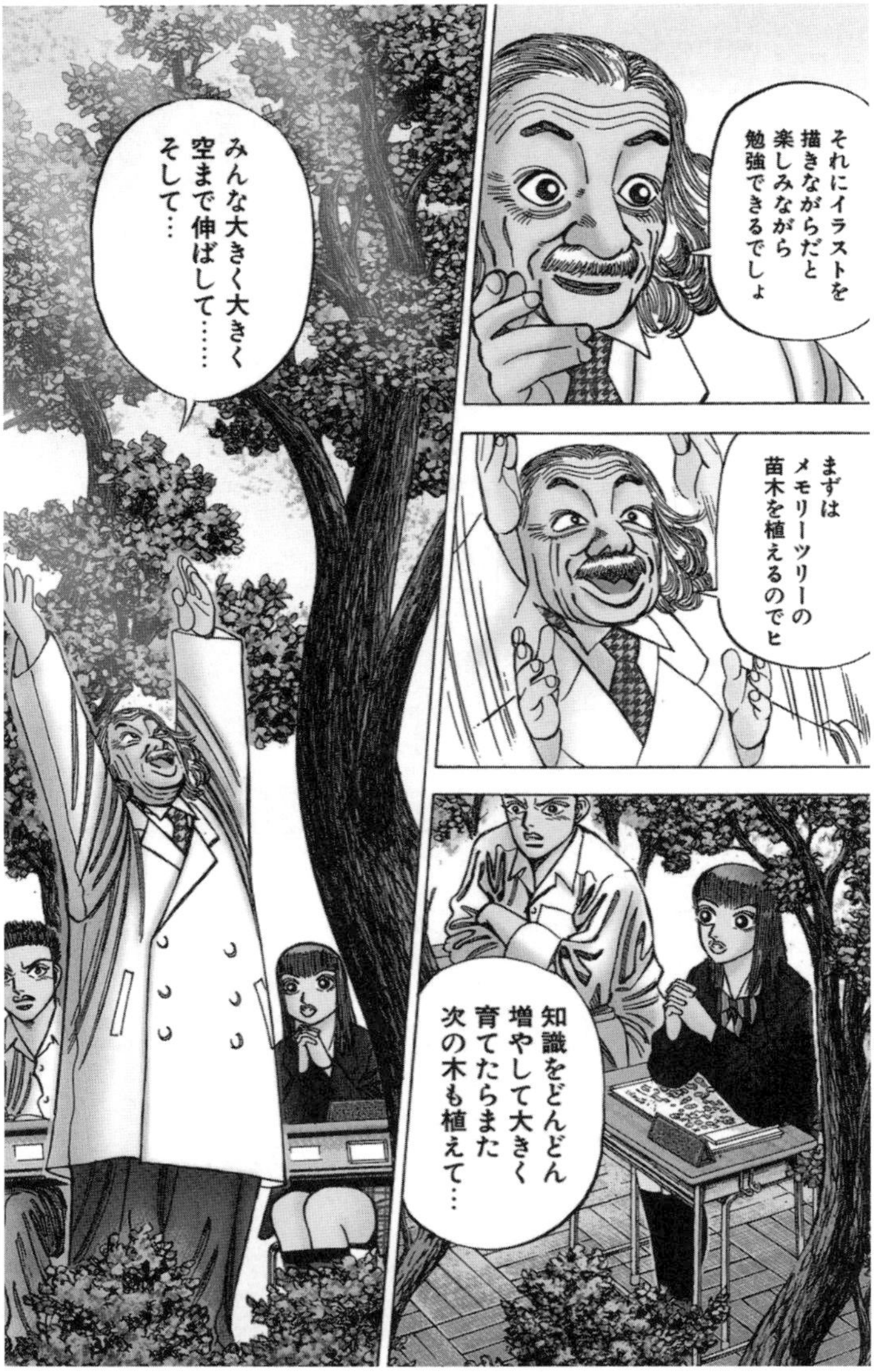

それにイラストを描きながらだと楽しみながら勉強できるでしょ
まずはメモリーツリーの苗木を植えるのでヒ
知識をどんどん増やして大きく育てたらまた次の木も植えて…
みんな大きく大きく空まで伸ばして……そして…

メモリーツリーは、ノートを使って「知識のつながり」を理解するために行う、ということが理解できたと思います。

このように、同じ意味を持つ関係、逆の意味を持つ関係、単語の成り立ちが似ている関係などのパターンを線でつないでいくと、記憶が整理されていきます。情報同士の関係を線でつないでいくことで、さまざまな知識を関連させて覚えやすくなっていくわけですね。

これをノートだけでなく、参考書や単語帳にも書き加えていくのが、インプットの効率を上げるテクニックです。

ひとつ例をあげて説明しましょう。「form」という、「形」を意味する英単語があります。これは、スポーツなどでよく言う「フォームがいい」の「フォーム」と同じ意味です。

野球やゴルフなどでは「どの位置に腕が来ていて、どの位置に脚があって……」と、「外から見た特徴」を指して「フォーム」と言いますね。このように「形」「形態」「外見」といったものを指すのが「フォーム」という単語です。

また、これを変形させた「formal」という単語もあります。「フォーマルな服装」といえば、「正式な」格好のことを指しますね。なぜ「形」が「正式」になるかは、「形式ばっている」という日本語を知っていればわかるはずです。「形通り・型通り」というのは、「正式」なものであり、遊びがなくて堅苦しい状態を指します。だからこそ、「フォーマルな格好」と言ったら「形式ばっていて外見的にしっかりしている状態」を指すわけです。

さらにここから派生して、「format」というのは「他にも使えるような型」を指し、「formula」という語は「数学などの公式」「決まった言葉」を指します。「form」というのは「形」から派生して「形式に乗っ取っている」という意味になるわけですね。このような関連性がわかるように書き記しておくと、記憶に残りやすくなります。

英単語だけではなく、歴史上の人物や、化学の元素など、つながりがたくさんあるものほど覚えやすいです。

たとえば「厩戸皇子《うまやどのおうじ》」と書いたら、その人物が行ったことを書いていきます。「冠位十二階の制定」「遣隋使の派遣」などと書いていき、またその付随する情報として「遣隋使の派遣」→「小野妹子」といった具合に、知識と知識のつながりを線で結んでいくのです。

これを、自分の持っている参考書・単語帳に書いていきます。ただ関連性のあるものを線でつなげるだけでも効果があります。

勉強している中で知識と知識のつながりを発見できるようになると、物事を忘れにくく、かつ思い出しやすくなります。また、知識が増えれば増えるほどつながりも見つけやすくなるため、相乗効果でどんどん勉強の効率が上がっていくでしょう。

3 日常生活と勉強をつなげていく

次におすすめなのは、「日常生活とつなげてインプットしていくこと」です。先ほどから「参考書を汚す」「そのために関連情報を書いていく」という話をしてきましたが、その関連情報を、ほかの参考書からしか持ってこないというのはもったいないことです。日常生活を送っている中で見たものと結びつけてみると、新しい扉が開くことがあります。

たとえば、英語の勉強をしているときに、「こんな単語、見たことも聞いたこともないよ！」と思ったとしても、意外と自分たちの身の回りにある場合があります。『ドラゴン桜』ではこんなシーンが描かれています。

むしろ　英語への関心の高さ資格検定へのチャレンジ精神という点では
英語を日常生活で全く必要としない国としてはすごいことなんだよ
だいたい欧米人ということで英語は得意と思われがちなヨーロッパの人達でも英語は苦手
フランスやドイツイタリアでも英語教育には頭を悩ませているのが現状なんだ

『ドラゴン桜』4巻・30限目「TOEFLと日本人の英語力」

むしろ　一般国民への浸透度からすれば日本人は格段に英語に親しんでいる
むしろ　自国語を英語化することに抵抗感がまるでないと言っていいくらいなんだ
MAIL
APPEAL

あ……なんか言われてみるとよくわかる
歌の歌詞でも英語をバンバン使ってるもんな
でも……じゃあ自分ができるかって言われると……
ん……
矢島《やじま》君はローラースケートはできるかい？
ああ……子供の頃にやったよ滑るだけならできる
そう……水野《みずの》さんは泳げる？
平泳ぎなら25メートルぐらいいける……

ん……スポーツならちょっとできれば〝できる〟って言うね
あ……
そこなんだよ日本人は不思議と外国語となるととたんに完璧主義者になってしまうんだ
〝できる〟の基準を「外国人とベラベラ会話する」……
そんなふうに意識がかたまっちゃってる

この先生の言葉通り、英語は日常生活の中にあふれています。

たとえば、「ステンレス性」という言葉にある、「stain」は「汚れ・さび」を指します。だから「stainless」とは「汚れ・さび（stain）」が「ない（less）」という意味になります。

「サラウンドスピーカー」を買って部屋で聞いている人もいると思いますが、これは「surround＝囲む」という意味の英単語から来ています。部屋を取り囲むようなスピーカーということです。

また、先ほどの「フォーマルな格好」という言い回しも日常でよく使いますね。

このように、実は日本人は普段から英語をたくさん使っているのです。それを意識し始められるようになると、英語が机の上でガリガリと勉強しているだけのものではなく、また単語帳などの参考書を読んで学んでいるだけのものではなく、普段から接しているものとして膨らみを持つようになり、記憶に結びつきやすくなるのです。試しに一度、いつも使っている商品やお気に入りの音楽など、自分の身の回りにある英語に目を向けてみてください。きっと驚くほどたくさん見つかるでしょうし、調べてみれば「こんな意味だったのか！」と印象に残り、一発で覚えられるでしょう。

英語をどこか違う国の言葉だと思うのではなく、私たちも普段使っているものだと思って向き合うと、英語に対する殻が破りやすくなります。

そして、こうやって身の回りの英語を意識するようになると、それを起点に英語に対する想像力を働かせることもできるようになります。

『ドラゴン桜』でも、「cultivate」という英単語の意味を「カルチャー」というカタカナ語から推測していました。

『ドラゴン桜』3巻・28限目「辞書は使うな」

そりゃあ……普通は辞書で調べるんじゃない？
そうだね
じゃあやってみよう
ええと「C」だから
「C」……
「C」……「U」……と……

あった……
ええと……「耕す」とか「培養する」だって
「Cultivate」
ん そうだね
でも実際のテストでは辞書を使えないよね
それではこの言葉の意味は？
ltivate」
すいだん？
「推断」
なんだろ
あ……でも上の字は推理とか推測とかの推……
下の断は決断とかだろてことは……

わかった……
推測して決断する
はい！
正解！
でも……
今は辞書を
引かなかったね
あ……
そういう
ことなんだ
日本語の文章
に対しては
熱ってくる、気楽は次第々々に膨脹す
だ。明日免職になつたつて驚ろくんぢ
時々思ひ出すやうに、盃に唇を付けて
「田川さん、貴方本当に飲けないいん
んて。あらゆる冒険は酒に始まるんで
分の過去を碌でなしの様に眺なしてゐ
も評すべき態度で、気焔を吐き始めた。
を前に置いて、
「貴方なんざあ、失礼ながら、まだ
くら学士で御座いの、博士で候のって
ちゃんと実地を踏んで来てゐるんだも
は丸で忘れた様な風で、無遠慮な極め
分の無学をさも悄なさそうに恨んだ。
「まあ手っ取早く云やあ、此世の中
貴方より十層倍の経験は慥かに積んで
辞書を引きながら
読む人は
まずいない

夏目漱石　「彼岸過迄」より引用

なんとなく想像
できるし
その言葉の意味が
わからなくても
その文章の内容が
だいたいつかめる

ところが英語になるととたんに全部の単語の意味を知ろうとする
その都度辞書を引くから時間がかかる
behind everything that
car was
into a
as
ken
ow I kn
d and s
t alive
全然進まないすると面倒臭くなる
それでイヤになる
うんうん……
だよなあ
そうならないための第一歩としては
すぐに辞書は引かないこと!

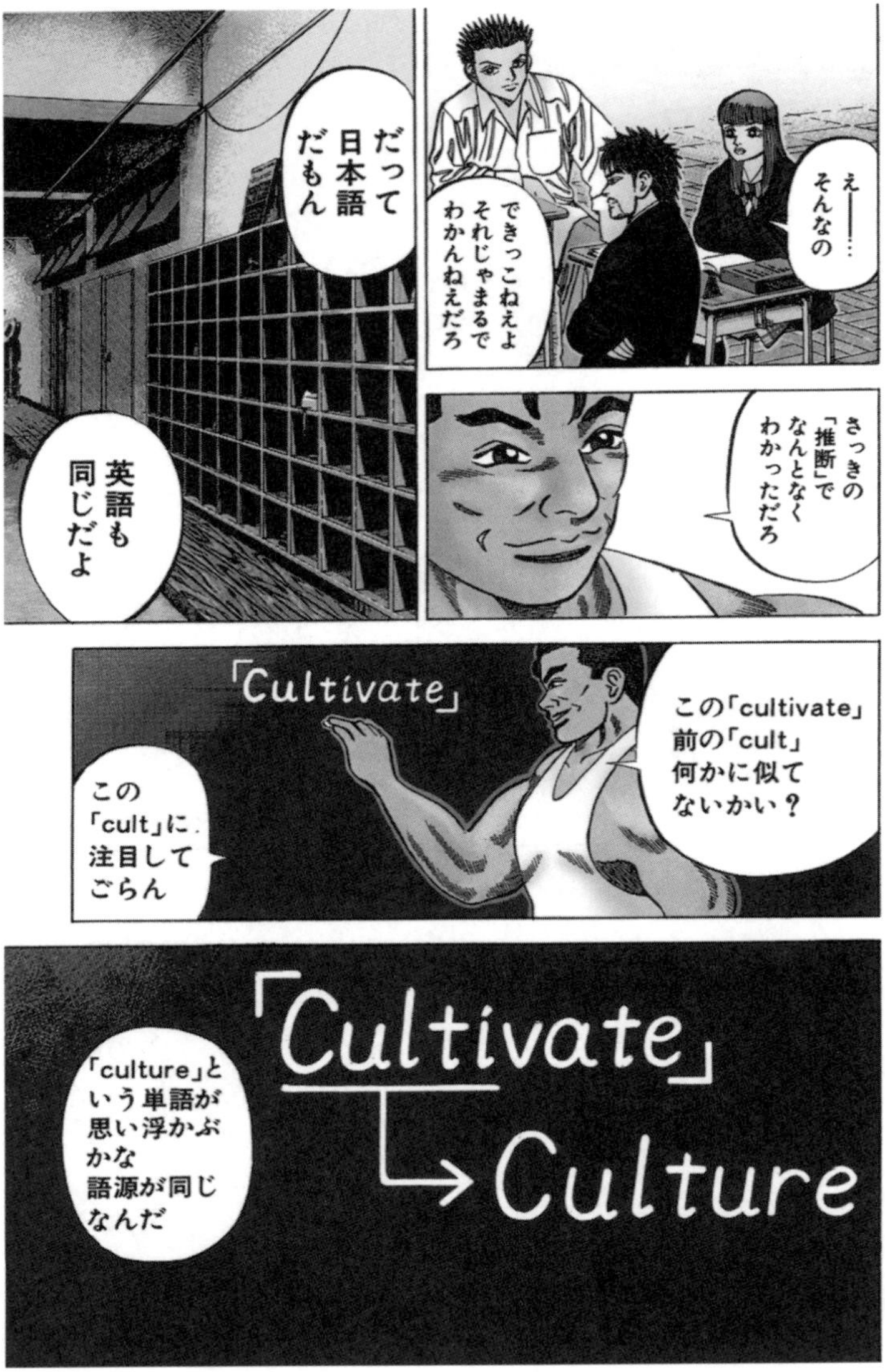
え――……
そんなの
できっこねえよ
それじゃまるで
わかんねえだろ
さっきの
「推断」で
なんとなく
わかっただろ
だって
日本語
だもん
英語も
同じだよ
この「cultivate」
前の「cult」
何かに似て
ないかい？
「Cultivate」
この
「cult」に
注目して
ごらん
「Cultivate」
Culture
「culture」と
いう単語が
思い浮かぶ
かな
語源が同じ
なんだ

日本語でも
よく聞くだろ
カルチャーって
「cultivate」
culture
ああ……
若者の
カルチャーとか
意味は
ええと……
あれ
文化……
教養ね
あ……
そうそう！
つまり文化とは
社会を耕してできる
教養とは頭を耕して
身につくもの

このように
言葉とは
日本語でも
英語でも
変形したり
合成させたりして
出来てるものが
多いんだ
civil 市民の
和敬
city 都市
できる
ability 能力
civilization
use 使う
utility 有用
solve 解決する
solution 解答

大事なことはそれらを素早くイメージできるかどうか
つまり英語は想像力さえ旺盛《おうせい》なら全然難しくないんだ！
それを完璧に読んで訳して理解しなきゃなんて　四角四面に考えてはダメ！
英語を学ぶ時の気持ちはいい加減　適当不真面目でいい！

だから楽しい！
だから面白い！
うん！
なあんだ……じゃどうってことねえじゃん
なるほど　これが“難しい”という意識を壊すことか
たしかに二人の表情がガラリと変わった

このように、想像力を働かせれば英語は格段に親しみやすくなります。硬い考え方をして、英語と日本語は違うものと考えているから難しく感じてしまうわけです。

たとえば、「detach（デタッチ）」という英単語の意味をみなさんご存じでしょうか？単語帳でもなかなか出てこない少しレベルの高い単語ですが、「de」の部分は「deflation（デフレ）」だとか「detox（デトックス＝解毒）」などの言葉についているため、否定のニュアンスではないかという予測がつきます。

「tach」はどうでしょうか？　こちらは「touch（タッチ）」というよく似た言葉がありますね。「触る・触れる」という意味です。そう考えれば、「detach」はどういう意味になるでしょうか？　「触れる」の否定と考えると、「離れる」だと推測できるのではないでしょうか。

こんなふうに、硬い頭で丸暗記するのではなく、柔軟な発想で向き合った方が記憶に残りやすく、想像力や発想力を鍛えることにもつながるのです。

ここまで英語を使って説明してきましたが、それ以外のことでも同じことが言えます。

たとえば、ファイナンシャルプランナーや税理士になるための勉強をしている人なら、税金や年金の制度変更に関するニュースを目にしたとき、10年後や20年後の制度はどうなっているかを予測してみる。

あるいはM－1で優勝して一夜にして大金を手にしたお笑い芸人を見て、税金はいくらで賞金をどう運用するのがベストかをシミュレーションしてみる。

こんな風に、日常生活と自分の勉強をつなげる範囲を広げれば広げるほど、頭はよくなっていきます。

逆にやってはいけないのは、「これはよく知らない政治関係の話だな」「自分には関係ないＩＴ業界のことだな」と、関心を向ける範囲を自分で狭くしてしまうことです。これでは、頭がよくなるチャンスを自分から捨てているのも同然です。新しいことに触れていかないと脳も衰える一方なので、特に大人は注意しなければいけません。映画を見ていても、街を歩いていても、何か勉強につながることがあるかもしれないと考えるのはとても重要です。

大人になると、机に向かう時間はどうしても限られます。タイパを上げるためには、いかに日常生活の中で頭を働かせられるか、いかに机の上以外での気づきや発見を学びにつなげられるかがポイントなのです。もちろん勉強が浅いうちは、考えても答えが出ないこともあるでしょう。最初はそれでも構いません。答えを出せるかどうかよりも、まずは頭を動かす癖をつける方が大切です。「これは自分の勉強とどう結びつくだろうか」「どうやったらこの問題が解決できるだろうか」などと普段から考えるようにしておくと、勉強の体力や記憶力の強化につながっていくでしょう。

第2章

結果を出す人はここが違う！

タイパを劇的に上げるアウトプット勉強術

1

考えるときは手を動かす

ここからは「しっかりインプットしてから問題を解く方が、効率がいい」という2つ目の勘違いについて扱っていきます。この第2章ではインプットよりも重要な、タイパを劇的に上げてくれる「アウトプット重視の勉強法」を紹介したいと思います。

突然ですが、みなさんは勉強の成果が出やすい人と、そうでない人の違いがはっきり現れる瞬間というものをご存知ですか？

それは問題を解いている瞬間です。それも、簡単な問題ではなく、一生懸命考えないといけないような難しい問題を解いているときです。

ここでどんな反応をするかを見ていると、その人が伸びやすいタイプか、それとも勉強しても伸び悩むタイプかがわかるのです。私は15年以上にわたって塾講師や家庭教師としてたくさんの生徒を見てきましたが、ほぼ百発百中です。

もちろん、「その問題を解けているのかどうか」が重要なわけではありません。別に、たったひとつの問題が解けたかどうかで、その子の未来がわかるわけはありません。

私が着目しているのは、その子の手です。問題を解いているときに、手を動かしているかどうかを見ています。難しくて解けそうにない問題に出会ったときでも、成績が伸びるタイプや頭がよくなるタイプは、何かを書いている場合が多いのです。

たとえば、『ドラゴン桜』にこんなシーンがあります。

『ドラゴン桜』12巻・107限目「東大模試を終えて」

井野先生…
特進クラス2年の
2学期からの指導方針
まだ提出されてないぞ
当たり前でしょ
仕事も色々と
増えちゃって…
面倒臭くて…
気分は最悪よ
今やってるわよ
こうして…
やってる？
机の上に何も
ねえじゃねえか
だから
考えてるん
じゃない
こうして
自分の
頭の中で…

自分で考える？何をだ？
だから指導方針よ！
何を聞いてんのよ！
井野先生は確か私大の文学部の英文科卒だよな…
そ…そうよ
それがどうしたっていうのよ

自分で考えれば答えが見つかると本当に思ってるのか?
何よ…人をバカみたいに
井野先生…その典型的な私立文系頭じゃあ生徒を東大に入れられない
な…なんですって?

ここでの桜木先生の考えを代弁するならば、「手を動かしていないのに、『考えている』というのはあり得ない」ということです。

たとえば、生徒に数学の問題を解いてもらうとしましょう。「この問題、難しいけど、とりあえず2分間考えてみよう！」と言って、「よーいスタート！」と時間を測り始めたときの反応は、人によって大きく異なります。

数学が得意なタイプや、これから伸びていく人は、必ず手を動かします。文章に線を引いたり、実際に数を当てはめてみたり、情報を整理したり、計算を始めてみたりと、とにかく手を動かすのです。

それに対して、数学が苦手なタイプや、伸び悩んでしまう人は、頭の中で考えようとします。手を動かさず、とにかく頭の中だけで「うーん」と考え込んでしまう場合が非常に多いのです。

もちろん、2分間で答えまでたどり着くことができないような難しい問題であれば、考え込んでしまうのもわかります。

ですが、それこそ東大に合格できるような人を見ていると、どんなに難しい問題が出されても、頭の中だけで考えるということをしません。問題の条件を整理してみたり、計算やヒントになりそうなことを書き出してみたりと、とにかく頭と同時に手を動かしている場合がほとんどなのです。

重要なのは、「手を動かすこと」です。頭に浮かぶことを書き出して、思考を整理していこうとする必要があるのです。

『ドラゴン桜』にはこんなシーンもあります。

どういうことだろう
人間……
水野……
そういうふうに
体を硬くしては
いけない
ものを考える時は
手を動かすといい……
つまりは
何かを書くこと
答案のはじに
なんでもいいから
書きながら考える
やってみなさい……
書きながら
考える……か

『ドラゴン桜』2巻・16限目「白紙の問題」

つまり、何かを考えて、勉強するときには、見るだけでなく、書いたり話したりするアウトプットが重要だということです。アウトプットには、手を動かす以外にもさまざまなやり方があります。複数の方法を組み合わせることで、勉強の効果は2倍にも3倍にもなります。

この章では、この「アウトプット」をどのように行っていくのかについてみなさんにシェアしたいと思います。

2 インプットをアウトプットに変える

まず紹介するのは、「インプットをアウトプットにする方法」です。
たとえば、みなさんにとって次のうちどちらの方が集中しやすいと思いますか？

・参考書を読む
・問題集を解く

いかがでしょうか？　この質問に対して多くの人は、参考書を読むよりも問題を解く方が集中できると答えるのではないでしょうか。人は、何かを読んだり誰かの話を聞くといったインプットよりも、問題を解いたりするアウトプットの方が集中できるものです。

これはなぜかというと、アウトプットは「何をするのか」が明確だからです。

参考書を読む場合と比べてみましょう。「本を読む」というインプットをするときは、ゴールはあまり明確ではありませんよね。とりあえず読む、ということになってしまって、目的が見えにくいです。

一方、問題を解くときは違います。「自分の理解度を測る！」「問題を解けるようになる！」という目的が明確になっているので、それを達成するために頑張ることができると思います。

さらに、アウトプットは形になります。

たとえば「本を読む」とか「人の話を聞く」というのは、いくらやっても「これだけ成長した！」という実感がわかないですよね。「読んだ」「聞いた」というのは、何かができるようになるというわけでもなければ、終わった後に「これだけやったぞ！」という目に見える形が残るわけでもありません。

反対に、問題を解いたとか、ノートにまとめるといったアウトプットは、「これだけのことをやった！」という証がわかりやすく目の前に残ります。

形にすることで、自分がどれだけ理解できているのか、かけた時間に対してどのくらいの成果が出たのかを確認できます。アウトプットの質が確認できれば、自分の成長度や改善すべき点も見えるようになり、タイパを上げるための次のステップへ進みやすくなるのです。

また、アウトプットによって勉強したことが形になれば、自分の努力が目に見えるのでモチベーションの維持向上にもつながります。みなさんは学生時代に、ノートを1冊使い終えてちょっとした達成感を得たことはないでしょうか？　あるいはやり終えた問題集や参考書を見て「ああ、よく頑張ったなあ」と自分を褒めたいような感覚になった経験はありませんか？　タイパとは少し話がそれますが、勉強を続ける上でモチベーションの管理は大切な要素です。アウトプットは勉強の質も意欲も上げてくれるのです。

「目標」という観点でもアウトプットの方が有利です。インプットは目標が設定しづらく、反対にアウトプット明確な目標設定がしやすいです。

たとえば「テキストを3ページ読み進める」といっても、人によって想定することが結構違うと思います。パッパと3ページ分、書いてあることの字面を追って終わりという人もいれば、じっくりと暗記できるように読む人もいるでしょう。

両方とも「3ページ読む」ことに変わりはないですが、中身はずいぶん違います。インプットというのは、具体的にどうするのかイメージしにくいのです。

一方、アウトプットは違います。「問題を解く」という目標を立てたときに、みんな想像することが違う……などといった現象はほぼ起こり得ません。「3問解いてください」と言われたとき、100人いれば100人みんな同じ指示を想定すると思います。

「読む」「聞く」と比べて、「解く」「書く」であれば明確にやることがわかるのです。

だからこそ、やるのであれば、「読む」「聞く」より「解く」「書く」です。

■「聞く」→「書く」

オンラインでも対面でも、人の説明や講義を聞いたりするときには、覚えるべきポイントをノートにまとめるようにしましょう。ただ聞くだけでは眠くなってしまうので、とにかく手を動かすのです。特にオンラインの講義や勉強に関する動画を観るときには受け身になりがちなので、必ず書くという行為が必要です。その際、資料やスライドに書いてあることをただ写すだけでなく、要点を自分でまとめたり、面白いと思ったポイントを書き加えるようにすると、記憶の定着度が上がります。疑問に思ったことや、あとで調べようと思いついたことを書き残しておくのも効果的です。

■「聞く」「読む」→「解く」

人の話を聞いたり本を読んだりするときには、必ず「その後で覚えたことをテストして、満点を取る」という意識で行うようにしましょう。テストがあるということを前提にしておけば緊張感が高まり、集中力やインプットの質も上がります。「どこが重要なポイントなのか」「後で人に同じことを説明できるか」といったことを意識していれば、漫然と聞いたり読んだりしていたときよりはるかにアウトプットの中身が変わるでしょう。

■「読む」→「書く」

本を読む際には、本の内容を整理するノートを作るといいでしょう。その場合「要するにどういうことか？」と常に考えながら読むようになるので、インプットとアウトプットの相乗効果により、理解度と定着度が格段に上がります。最初は難しく感じるかもしれませんが、時間をかけてでも慣れる価値のある勉強法です。また、ノートを見直すときも、「もっとポイントとして追記できるところはないか」というように、「書く」というアウトプットを起点に考えてみてください。

このようにアウトプットを活用する方が、勉強の効率が上がりやすいです。

たとえば何かを覚えたいときに、ペンも持たずに、ノートもメモも取らずに頭の中だけで考えて覚えられる人はなかなかいませんよね。

頭の中だけで考えている状態というのは、五感を活用していません。

ですが、アウトプットであればペンを持つ触覚、目でノートに書いた文字を追う視覚、自分で口に出して言った内容を聞くことで聴覚という、五感のうち3つを活用することになります。たくさんの感覚を使う方が、記憶の引き出しが増えるわけです。だからこそ、アウトプットはタイパを上げるために欠かせないポイントになります。

3

最高のアウトプットは「人に説明すること」

次にご紹介するのは、アウトプットの究極形とも言える「説明勉強法」です。

この本ではタイパを追求した勉強法を紹介していますが、効率のよさとは、簡単に言うと「最小限の時間と労力で、最大限の成果を出すこと」ですよね。

これを実現させるには「勉強したことを忘れにくい」「自分の課題点がはっきりわかる」という2つの点を両立させる必要があります。忘れにくければ繰り返し勉強する手間が省けますし、自分の課題が明確であれば、努力の方向性を間違えて時間をムダにすることもなくなります。

実は、この2つを一気に実現してくれる勉強法があります。それこそが「説明勉強法」です。何を隠そう、私が30歳から1日3時間の勉強で東大に合格できたのは、この説明勉強法をフル活用したからでした。

これは、自分が先生になりきって人に教えるという勉強法です。「たったそれだけのこと？」と思われるかもしれませんが、本当に効果バツグンです。まずはこの方法について紹介されている『ドラゴン桜』のシーンを見てみましょう。

では
教え合う授業の
説明から入るわね
その目的と
効果とは……

『ドラゴン桜2』3巻・19限目「SDS法とPREP法」

目的は
スタディサプリで
勉強した項目を
しっかりと記憶し
定着させるため
一年間の勉強で
東大合格を
成功させるためには
効率的な学習を
しなくてはいけないの
徹底した
能率主義！
忘れてしまって
覚え直す
これでは効率的とは
言えない
今日覚えたことは
今日脳の中に
完全にインプットする
start out
go to
looks
great
create
about
term
include
get away with
go on
dragon
pass on
look after
transfer

そこで
完全な記憶装置の
一つとして
このビデオを活用する
スタディサプリで
受けた内容を
アウトプットする様子を
ビデオで記録する
この行為を
一つ加えることで
絶対に忘れない
動機づけをして
記憶を自動的に
引き出せるようにする
こうすることで
無駄を省いた
勉強法が確立するの
agree with
looks
dragon
include
deal with
where go on
transfer
appear
create
make up
come about
term

たしかにビデオで録《と》られることを思うと一生懸命さが違うかな……
あとから映像が頭の中に浮かびそうね
普段からスマホで勉強を解説する動画を録るのもアリかも……
それいい！
それはいいわねスマホを活用して編み出したオリジナルの勉強法は学習効果絶大よ
さっそく試してみよう
簡単にできそうだしね

いかがでしょうか。「人に教えることを前提に勉強すると、絶対に忘れないという動機づけができる」ということでした。

この緊張感が実は非常に重要なのです。「理解できるようになる」がゴールではなく、「人に教えられるようになる」がゴールなので、より高度な緊張が生まれるのです。

たとえばみなさんは今までに、学校の授業でも読書でも、実践しているときについボーッとして、終わった後に何も頭に残っていなかった、という経験はありませんか？私は何度もありますが、気持ちが入っていないとそうなりがちですよね。

しかし、もし事前に「後でみんなの前で授業の内容をまとめて発表してもらうぞ」と言われていたらどうでしょうか？　興味のあるなしにかかわらず、一言一句もらさず聞こうとして、グッと授業に身が入ると思いませんか？

これと同じで、人に教えようと思ったらまず自分がきちんと理解していないといけないので、格段に勉強の意識と集中力が高まるのです。インプットの質が上がるわけですね。

もうひとつ、教えることで自分の理解度が測れるということも重要なポイントです。きちんと説明できるなら正しく理解できていると言えますし、ダメならまだわかっていない証拠です。

実際にやってみるとわかりますが、人に教えるって意外と難しいんですよね。自分ではわかっているつもりでも、実際はあいまいな説明しかできなかったり、記憶が抜けていて「あれ、何だったっけ?」なんてことがあったりします。

つまり、きちんと教えられないところが自分にとっての弱点であり、復習すべきポイントということになります。人に教えてみるとこれが明確にわかるので、わかったつもりで終わるのを防げるわけですね。

私はもともと塾講師だったので、勉強しているときは常にこれを意識していました。自分で勉強して理解したことを、生徒に教えるとしたらどうすればいいか、頭の中でずっとシミュレーションしていたのです。いわば、インプットとアウトプットを同時に行っている状態ですね。

しかも、生徒にはわかりやすくかみ砕いて説明しないと伝わらないので、ポイントをまとめて流れを説明したり、図や表を活用して一覧にしてみたりと、いろいろ工夫しながらです。

こうしてアウトプットも一通りでなく、さまざまな角度からの説明ができるようにしたので、勉強したことが定着しやすくタイパが劇的に上がりました。

「はじめに」で、私は1日3時間の勉強で東大に合格できたとお話ししましたが、それはこの説明勉強法のおかけです。このやり方は非常に集中力を要するので、1日3時間しか勉強しなかったというより、3時間が限界だったという方が近いですが、非常に有効です。

「でも、教えるといっても身近にいい相手がいないんだよな……」という人もいると思います。そのような場合は、次に紹介する「白い紙」勉強法をおすすめします。

4 「白い紙」勉強法

3つ目に紹介する「白い紙」勉強法も、今までの「インプット↓アウトプット」と「説明勉強」を組み合わせたやり方で、タイパを大きく上げてくれるものです。

まず、真っ白な紙を用意します。そこに、参考書も何も見ないで、今日、あるいは昨日勉強したことの内容を、思いつく限り具体的に書いていきます。どんなノートを書いたのか、どんな話を聞いたのか、テキストにはどんな内容が書いてあったのか、とにかく思い出せるだけ再現していきます。

「ナントカカントカの法則」というように、記憶があやふやでも書いてみます。とにかく、頭の中に入っているはずの情報を、何も書かれていない紙に、30分くらいかけて書き出して、整理して、「もう出てこない！」というところまで書いた上で、確認をしていきます。ただそれだけの勉強法なのですが、驚くほどの効果があります。

実際にやってみればわかりますが、想像よりもはるかに大変な作業です。「あんなに勉強したのに、意外と覚えていないことが多い！」と驚くことも多いと思います。最初は「こんなに忘れるものか!?」とショックを受けるかもしれませんが、人間の脳は忘れるようにできているので、あまり気にしすぎる必要はありません。

これを継続していけば、どんどんアウトプットできる量が増えてきます。これは単に、記憶力が上がったからではありません。そうではなくて、「後からアウトプットするときが来る！」という意識がインプットの質を高めてくれるからです。

「思い出して白い紙に書き出す」のが勉強の前提になると、「後で再現できるように、ちゃんと自分の頭で理解しなきゃ！」という意識が高まり、それだけで集中力や意欲が向上します。

「後でメモにどんな風にまとめるかきちんと考えないとな」「でもそのときに、ちゃんと書けるかな。今はまだ何となくしかわかっていないから怪しいな」。そうした意識が、勉強の質を高めてくれるというわけですね。

さらに、これを繰り返していると、自分のインプットの癖もわかってきます。「図やイラストが一緒だと覚えやすいな」「断片的な知識はあるけど、流れやつながりを意識して覚えられていないな」など、強みや弱みがだんだんと浮かび上がってきます。その強み弱みを意識して勉強法をアレンジできれば、さらにタイパが向上します。

インプットと比べてアウトプットは負荷がかかるものですが、その分だけ見返りも大きいです。ぜひこの章で紹介したやり方を駆使しながら、効率を高めていってください。

第3章

最短距離の勉強のためには、過去問をフル活用する

1

過去問は勉強の最初と、初期の段階で2回やるべし

第3章は、3つ目の勉強の勘違い「過去問は最後の力試しにやる」について扱います。資格試験や検定を受けるための勉強をするつもりのない人でも、自分の目標を設定して、ゴールから逆算してどんな勉強をすればいいかを考える方がいい、ということを序章で述べました。本章で紹介しているテクニックは試験を受ける人はもちろん、勉強する上でどんな人でも活用する価値のあるものばかりなので、ぜひ参考にしてください。

さて、序章で「過去問は最初にやるべき」という話をしました。自分の現在地とゴールまでの距離を測り、何を意識して勉強すべきかを把握するためでしたね。

「過去問から始めましょう」と聞くと、中には「ひとつも解ける問題がないんだけど、

意味があるの？」と不安に思う人もいるかもしれません。ですが、最初は全然解けなくても大丈夫です。それこそまったく知識ゼロの状態であっても構いません。問題を見てみるだけでも十分効果はあります。

たとえば、私はプログラミングのことが全然わかりませんが、もしプログラミングの資格取得を目指して試験を受けることになった場合、まず過去問を見て、これから自分がやるべき勉強のイメージをつかみます。「へえ、こんな用語があるんだ」、「こんなことができるようにならないといけないんだ」といった感じです。

そうすれば、勉強をしながらだんだん試験で出るような実践的な内容に近づいていったときに、自分の成長やゴールに近づいていることが実感できてやる気が高まるでしょう。

それに、試験に出てきた用語をテキストで見かけたら、「これは本番でも使うものだから、意識して覚えないと！」と気持ちもグッと入ります。

また、過去問を先に見ておけば、自分が優先的に覚えるべきことが明確になります。

先ほどお話ししたように、ゴールまでの距離をつかむための第一歩になるのです。そのため、最初は解けなくても気にする必要はありません。タイパを上げるために必要な最初のステップとして、まずは気軽に取り組んでみましょう。

そうして最初に過去問を見てから勉強に取りかかるわけですが、2回目に過去問を解くタイミングも大事です。勉強を始めて最初の参考書や問題集が終わったら、そこでまた過去問を解いてみましょう。

「えっ、まだ全然応用どころか、基礎も固まっていないのに？」と思われるかもしれませんが、まったく構いません。

1回目と比べると、2回目は多少なりとも知識が身についているため、きっと問題の見え方がまったく違っています。「あ、この用語はテキストで見たぞ」「レベルは違うけど、似たような問題があったな」など、最初より距離が近づいた実感が得られるでしょう。

もちろんこの段階でもほとんど解けるところがないかもしれませんが、自分と過去問の距離が近づいた感覚がモチベーションになり、これから自分がどんな勉強をどのくらいするべきかの判断材料にもなるわけです。1回目と2回目の結果を比べれば、自分の弱点や得意分野がおぼろげながらも見えてくるでしょう。問題を解くスピードが足りているかどうかや、ミスの仕方の癖もわかってきます。序章でもお話したように、最短距離でゴールするにはまず自分の現在地を知ることからです。「過去問なんてまだ自分には早い」と思わず積極的にチャレンジすることで、ゴールまでの距離を効率よく縮められるのです。

2

過去問は100点満点を目指して勉強すべし

過去問は、最初は解けなくてもまったく問題ありませんが、では最終的なゴールはどこかというと、100点満点が取れる状態です。

「えっ、そこまでする必要があるの？」

そう思われるかもしれませんね。ですが、もちろんこれには理由があります。

みなさんは本番の試験を受けるとき、当然ながらどんな問題が出るかはわかりませんよね。その場で問題を見て対応する必要があります。試験によっては、素早く処理していかないと間に合わないものもあるでしょう。もちろん早いだけではダメで、正確さも必要です。

その処理能力を高めるのに、一番タイパがいいのが過去問なのです。

『ドラゴン桜』では、過去問演習をモグラ叩きにたとえて、その重要性を説明していました。

『ドラゴン桜』12巻・110限目「センターは簡単だ！」／『ドラゴン桜』12巻・111限目「モグラ叩き」

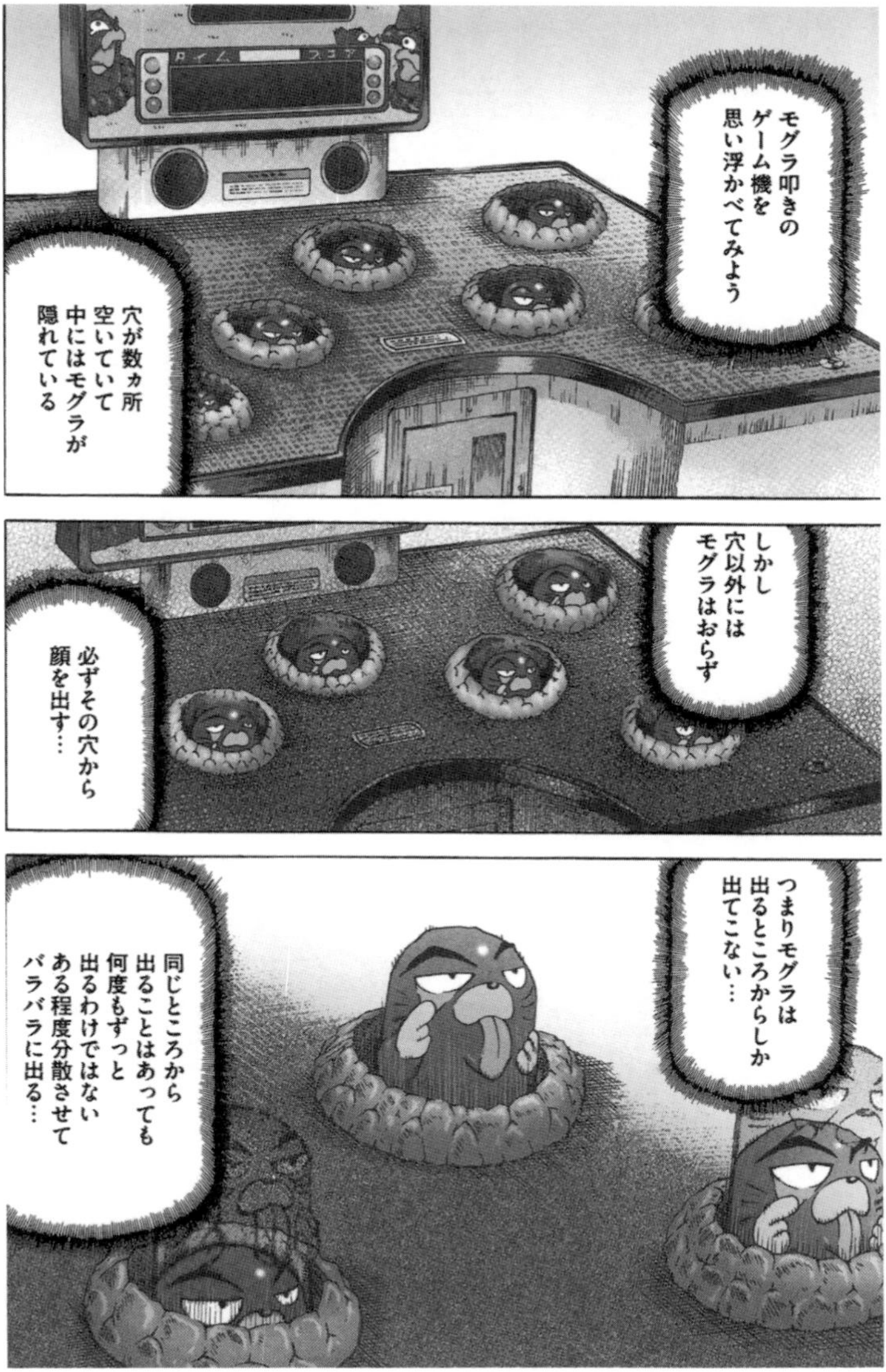
モグラ叩きのゲーム機を思い浮かべてみよう
穴が数ヵ所空いていて中にはモグラが隠れている
しかし穴以外にはモグラはおらず
必ずその穴から顔を出す…
つまりモグラは出るところからしか出てこない…
同じところから出ることはあっても何度もずっと出るわけではないある程度分散させてバラバラに出る…

あとは叩く！
叩く！
叩く！
熱くなれ！

解法という
ハンマーで
ひたすら
叩く…か
たしかに
マークシートを
どんどん塗りつぶす
感じに似てるかも
そうだ…
しっかりと
叩くイメージを
植えつけるんだ
センターでは
問題に対する
反射神経が
試されている
ゆっくり考えこまず
素早く解いていく
ことが肝心だ
だから
過去問を徹底的に
反復練習し
リズムとテンポを
身につけるんだ
モグラ叩きと同じで
何度もやればやるほど
高得点を叩き出せる
なるほど…

どんな試験も出る範囲は決まっています。となれば、過去に出題されたところから徹底的につぶしていき、対応力を磨くのが一番手っ取り早いわけです。

また、問題の内容が多少変わることはあっても、試験の形式はこれまでの型を踏襲することが多いでしょう。

そのため、過去問を解き続けて形式に慣れていけば、問題を解くリズムとテンポを身につけることができるのです。まさにモグラ叩きの要領ですね。

過去問を繰り返していくうちに、大問ごとに何分かかりそうか、何点取れそうかも見えてきます。得点配分や時間配分といった戦略は試験攻略の要ですから、やればやるほど合格レベルに近づけます。

さらに、もうひとつ大事なポイントがあります。それは、「過去問は出題者からのメッセージである」ということです。

実際の試験で出る問題は、出題者側が「これは解けるようになっていてほしい」と思って出すものです。合否型の試験であろうが、スコア型の試験であろうが、「これが解ければ、あなたの実力を認めます」という意味が込められています。
となれば、過去問で間違えたところがあったとしたら、まだ出題者側からの要求に自分が応えられていないということになりますよね。自分が求められている知識、あるいは能力が過去問を通じてダイレクトにわかるわけです。

だから過去問は満点を目指すべきなのです。もちろん初歩の段階ではテキストや問題集で勉強するわけですが、車の運転で言うなら、それはあくまで教習所のコースで練習しているようなものです。実際に公道に出てみないと、本当の運転スキルは身につかないですよね。市販の問題集がいくら解けたとしても、過去問をやらない限り実力は頭打ちになるのです。

3

合格最低点を目指してはいけない

「過去問は100点満点を目指せ」と聞くと、「満点なんて必要ないよ。最小限の努力で合格するには、合格最低点で滑り込むのが一番いいでしょう」と思う人もいるかもしれません。

実際、そのような高得点を要求される試験はほとんどないでしょう。ただ、最初から合格最低点を目標にすると、本番ではそこに届かない可能性が非常に高いです。

主な原因は2つあり、1つ目は気持ちの緩みです。

たとえば、合格最低点が7割の試験を受けるとしましょう。もし7割でいいと思って勉強していると、残りの3割はわからなくても構わないということになります。

もちろん分野によって得意不得意は誰にでも出てくるので、実際に満点を取るのはなかなか難しいでしょう。ですが、最初から7割を目標にすると、その不得意なところを絶対に克服しようという気持ちが薄れてしまうのです。苦手なところは避けたいものですから、得意なところで逃げ切りたいと思うわけですね。

ただ、実際の試験では当然どんな問題が出るかはわかりません。自分が苦手にしている残り3割の部分が集中的に出てくる可能性も十分あります。そうなると「しまった！もっと勉強しておけばよかった……」と余計な焦りが生まれ、ケアレスミスや判断ミスをする可能性が高くなってしまいます。

しかも、自分にとっての苦手が、他人にとっても同じように苦手とは限りません。もしかしたら、それが多くの人にとっては得点源になる分野で、結果的に大きな差をつけられるかもしれないのです。私が身を置いている受験の世界では、苦手を残さないことは合格の鉄則とされています。

みなさんが受ける試験でも、これは同じです。最終的に7割の得点で合格ならＯＫ

ですが、初めから7割を目指すと苦手が苦手のまま残ってしまうリスクがあります。苦手を得意に変えるまではいかなくとも、苦手意識が消えて普通のレベルまでには持っていくべきです。

最初から7割を目標にするとうまくいかない2つ目の原因は、当日のコンディションです。

本番の試験で、必ずしも自分の実力がフルで発揮し切れるとは限りません。本番特有の緊張感によって、普段ならできることがうまくいかなかった経験は、誰しも一度はあるでしょう。普段とは違う試験会場のイスや机といった慣れない環境、あるいは周りの人の咳や鼻をすする音に対してストレスを感じ、集中力が削がれることもあります。

当日の体調も万全である保証はありません。有休が使えれば別ですが、試験前日まで仕事が詰まっていて、疲れた状態で試験会場に向かうこともあるでしょう。こういった要因を考えると、本番で100%自分の持っている力を出し切れるのが理想とは言え、なかなか難しいのが現実です。

もしコンディションがよくない状態で「実力をフルで出し切らないと絶対に合格できない！」と自分にプレッシャーをかけると、余計にパフォーマンスも下がりそうです。練習で7割取れる実力が身についていたとしても、実際の試験で80％の実力しか出せなかったら、70×0・8＝56点しか取れず合格点には届きませんよね。

こういった理由から、過去問で70点を目指すのは危険なのです。本番の試験で何が出るのか、またコンディションを万全にできるかは、自分でコントロールし切れない部分があります。

だからこそ、練習の段階では100点満点を目指しておくべきなのです。100点を取る実力があれば、本番で80％の力しか出せなかったとしても100×0・8＝80点になりますよね。現実に100点満点を取るは難しいかもしれませんが、あくまで目標はそこに置いておきましょうということです。

4

問題の答えを覚えようとせず、解き方を工夫する

いざ過去問で100点を目指そうとなったときに注意すべき点があります。それは、問題の答えそのものを覚えてしまわないようにすることです。

先ほど述べたように、過去問で100点を目指す理由は、当日の試験で合格点を取れるような対応力をつけるためです。当然ながら、答えそのものを覚えて100点が取れたとしても、全然意味がありません。なぜ答えがそうなるのか、どういう過程でその答えにたどり着くのかがわかっていないと、再現性がないからです。

もちろん基本的な用語や公式など、必要な知識は覚えている必要があります。英語で言えば、単語や熟語の暗記がその典型ですね。ただ、これと同じことを問題でやらない

よう注意すべきです。

たとえば「太陽光や風力などから得られる、再生可能エネルギーの重要性が高まっているのはなぜか」という問いに対して、「エネルギーを生み出す際に二酸化炭素を排出せず、地球温暖化の抑止につながるから」と答えられたとしましょう。

ですが、この問いと答えのセットをただ丸暗記しているだけだったら、「空気中の二酸化炭素の増加と地球温暖化はどう関係するのか」といった、少し角度の違う問題には対応できませんよね。「風が吹けば桶屋が儲かる」のような、中間の理屈が抜けて結論だけ頭に入っているような状態では、本当の意味で理解しているとは言えないのです。

とはいえ、実際に何度も問題を繰り返し解くうちに、答えを覚えてしまうことはどうしてもあります。そんなときは、解き方を工夫してあげる必要があります。代表的なやり方が、「問題と答えを逆にする」というものです。

たとえば「地表から数十km上空に存在する、太陽からの紫外線を吸収する気体の層を何というか？→「オゾン層」という問題と答えを反対にして、「オゾン層とは何か？→地表から数十㎞上空に存在する、太陽からの紫外線を吸収する気体の層」という形式にするのです。こうすると、ただの丸暗記でなく本当に理解できているかわかり、非常に効果的です。

似たようなやり方に「答えを見て自分で問題を作る」というものもあります。先ほどの「オゾン層」という答えであれば、「オゾン層がある地表から数十㎞の空気の層を何というか？（成層圏）」、「オゾン層を作っている気体の化学式は？（O_3）」といった問題が作れます。

このように、関連する知識の問題を自分で作って解くことで頭に残りやすくなり、効率的に覚えることができます。

ほかには、選択式の問題を記述式で解くやり方もあります。多くの試験では、用意された選択肢から正解を選ぶ形式の問題があると思いますが、その選択肢を隠して自分で答えを書くのです。こうすると、繰り返し解いて順番や番号で答えを覚えてしまった問題でも一から答えを考える必要があるので、自分の理解度を測ることができておすすめです。

過去問を繰り返せと言われて、もしかしたら「一度でも解いてしまうと、答えを覚えてしまって本当の実力がわからなくなるのでは」と思った人もいるかもしれません。ですが、このように解き方を工夫することで答えの丸暗記はいくらでも防ぐことができるので、心配は無用です。本番での時間配分まで含めてシミュレーションするために、過去問1~2回分は手をつけずに残しておき、後は徹底的に繰り返していきましょう。答えそのものを覚えてきてしまったなと思ったら、先述したような工夫を試してください。

さらにこのような解き方の工夫は、勉強のマンネリ化を防ぐ効果もあります。『ドラゴン桜』でも指摘されているように、普段と変わったことをする方が脳への刺激になって勉強の効率が上がるのです。

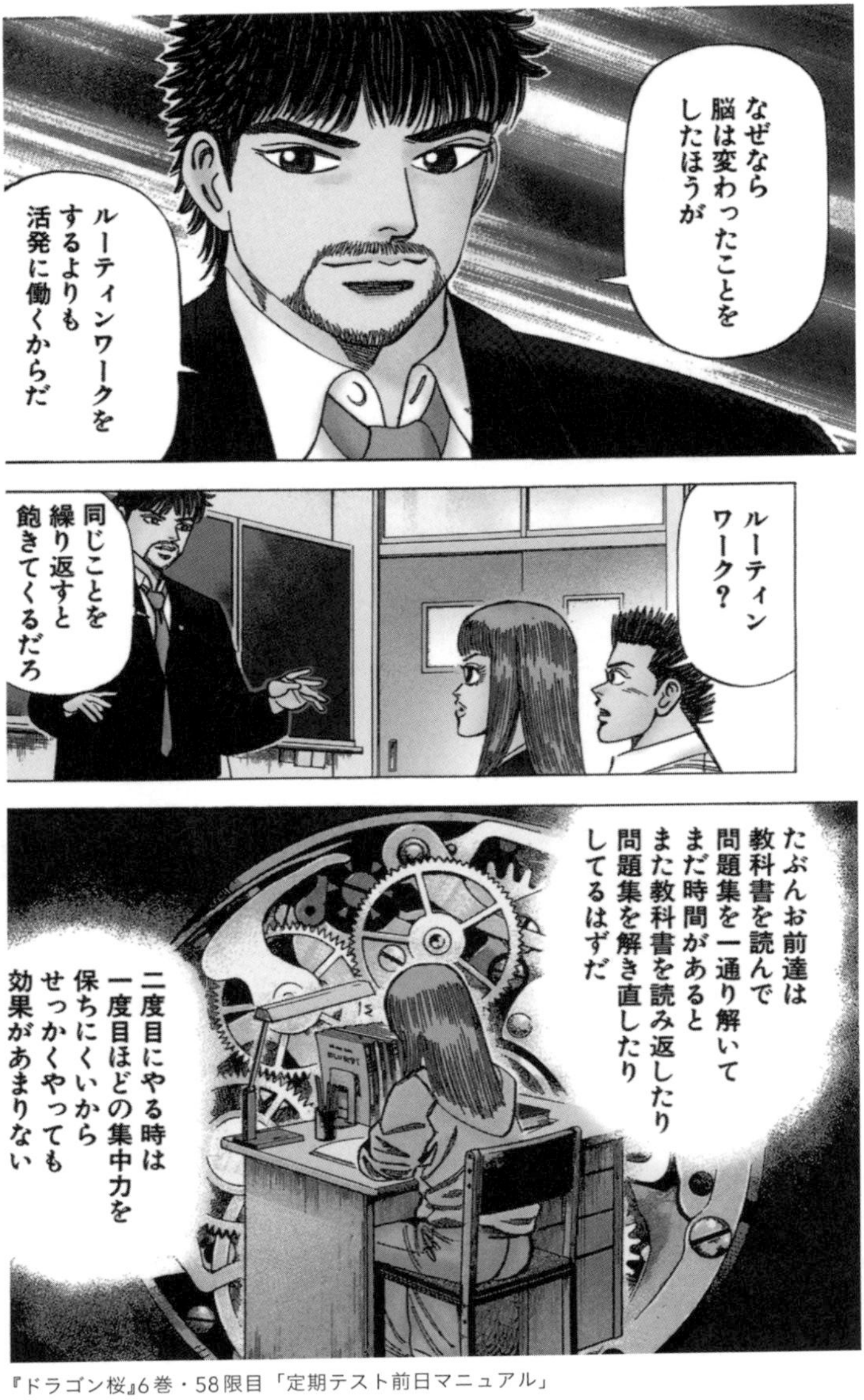
なぜなら
脳は変わったことを
したほうが
ルーティンワークを
するよりも
活発に働くからだ
ルーティン
ワーク？
同じことを
繰り返すと
飽きてくるだろ
たぶんお前達は
教科書を読んで
問題集を一通り解いて
まだ時間があると
また教科書を読み返したり
問題集を解き直したり
してるはずだ
二度目にやる時は
一度目ほどの集中力を
保ちにくいから
せっかくやっても
効果があまりない

『ドラゴン桜』6巻・58限目「定期テスト前日マニュアル」

確かに記憶を強化するためには繰り返しが重要だと一般的に言われている
けれども同じ問題を繰り返すにしても工夫して色々な勉強法で取り組むことで効果は倍増するのだ
真面目に時間をかけて勉強していても成績が伸びないという人は勉強法に問題がある場合が多い
勉強は時間よりも効率が大切だ
脳が刺激を受けて活性化されパワフルになるよう工夫をせねば
ふーん…
でも色々な勉強法と言っても

数学の問題に取り組む時の例を私から教えよう
一度問題を解き終えたら次は問題を解かずに答えを読む
答えを…読む?
一度解いた問題の解答を読みながらどんな問題だったか想像するのだ
これにより一つの問題を違う方法で二度繰り返したことになる
これよりもっと効果があるのは
自分で問題を作ってそれを解くこと

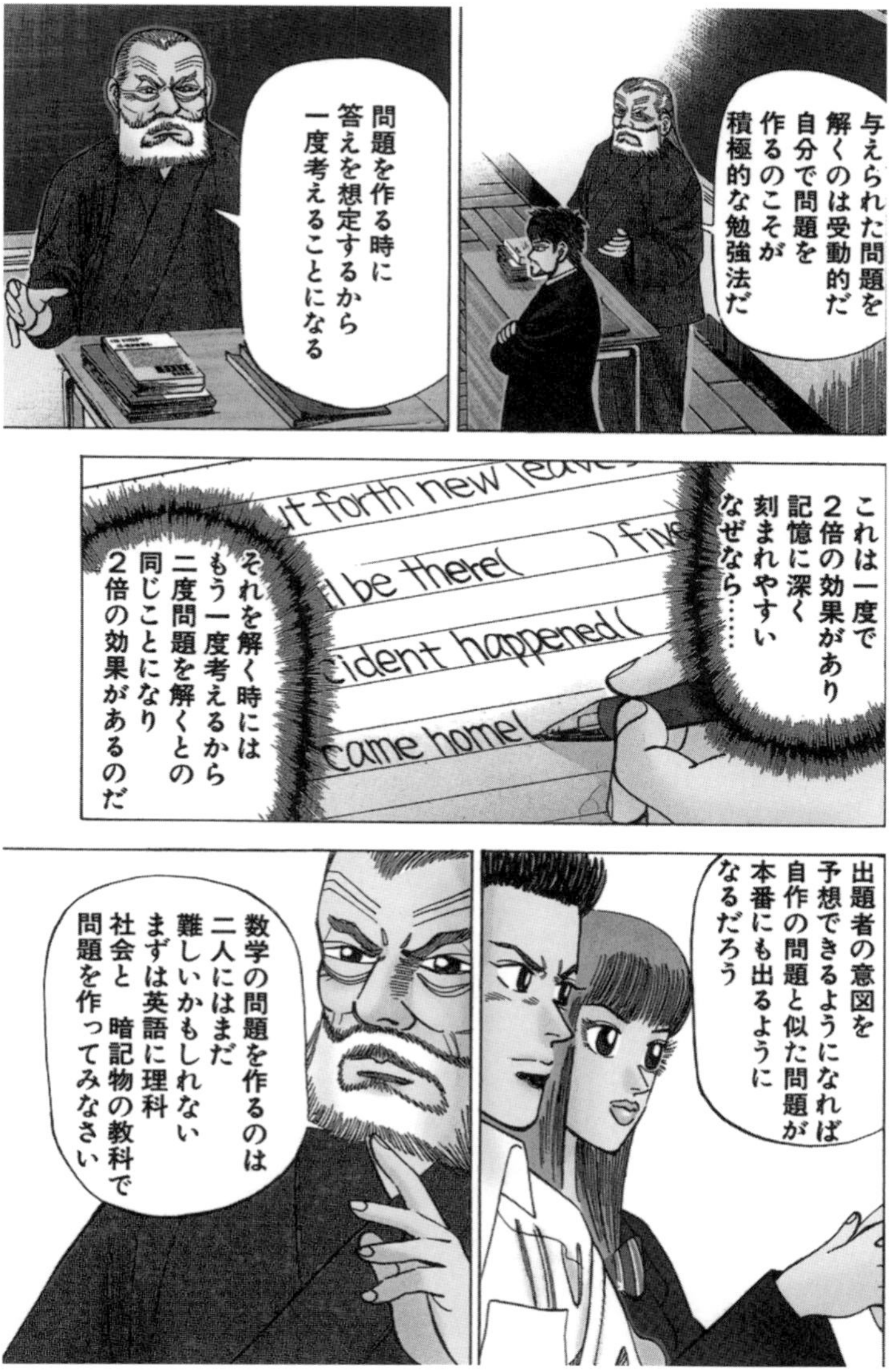
与えられた問題を解くのは受動的だ
自分で問題を作るのこそが積極的な勉強法だ
問題を作る時に答えを想定するから一度考えることになる
これは一度で2倍の効果があり記憶に深く刻まれやすい
なぜなら……
forth new
be there(　　)five
ident happened(
came home(
それを解く時にはもう一度考えるから二度問題を解くとの同じことになり2倍の効果があるのだ
出題者の意図を予想できるようになれば自作の問題と似た問題が本番にも出るようになるだろう
数学の問題を作るのは二人にはまだ難しいかもしれない
まずは英語に理科 社会と 暗記物の教科で問題を作ってみなさい

本書はタイパを追求した勉強法をご紹介していますが、知識の定着や問題を解く反射神経を鍛えるために、どうしてもある程度の反復は避けられません。

ただ、同じことの繰り返しをしていると飽きてくるのもまた事実ですよね。テキストを読んでいても目が動いているだけで頭には入っていなかったり、問題を解いていても同じような間違いをついつい繰り返してしまったり。みなさんもそんな経験があるのではないでしょうか。そのようなマンネリ化を解消する意味でも、解き方の工夫は有効なのです。

この工夫は、思わぬ効果をもたらしてくれる場合もあります。

たとえば先ほど、「答えを見て自分で問題を作ってみる」という勉強法を紹介しました。漫画の中にもありましたが、自分で問題を作るという行為は、自分で解くことを前提としています。すると、「どんな問題なら自分にとって難しいか、あるいはやさしいか」を自然と考えるので、自分の理解度を客観視するいい機会になります。

また、レベルが上がってくると出題者の意図まで考えられるようになります。

試しに、答えを見ながら自分で正解の選択肢と、間違いの選択肢を3つ用意して、4択の選択式の問題を作ってみてください。慣れていないと、意外と苦戦するのではないでしょうか。正解の選択肢は正しい説明をしないといけないので、きちんと理解できていないと難しいですよね。

さらに、間違いの選択肢を作るのもそれはそれで難しいと思います。誰が見てもバレバレな間違いを作るのは簡単ですが、解く側が思わず引っかかってしまいそうな選択肢にしようと思うと、いろいろなテクニックが要求されます。

典型的なパターンとしては、次のようなものがあげられます。

- 正解と逆のことを言う
- データにある数字を変える
- 「必ず」「常に」などの例外を許さないワードを入れる
- 関係ない情報を入れる

こうして問題を作る経験をすると、出題者側の視点が意識できて対応力が磨かれます。問題を読んだときに「何を答えさせようとしているのか」「どこで引っかけようとしているのか」を見る目が養われ、その結果、正解を見分ける能力が上がるのです。

過去問には出題者の意図が詰まっているので、たくさん解くうちに問題のクセや傾向もわかってくるでしょう。過去の出題傾向や最新の社会情勢をふまえて、「今後はこんな問題が出そうだな」「今年はもっと難しくなりそうだな」などと考えられるようになれれば、もう合格は目の前にあるといっても過言ではありません。

過去問はやり方次第で価値が何倍にもなる、非常に優れた教材です。勉強にマンネリを感じたらこのような工夫を取り入れて、新しい刺激を得るようにしてください。

5

正解した問題も見直す

ところで、みなさんは答え合わせをするときに、正解した問題の見直しをしていますか？　間違えたところの見直しではなく、合っていたところの見直しです。「えっ、合っているから別に見直しなんていらないんじゃないの？」と思われるかもしれませんね。

ですが、正解した問題でも振り返るべきポイントはあります。

『ドラゴン桜』では、答え合わせをする際に次のことを意識するよう説明されています。

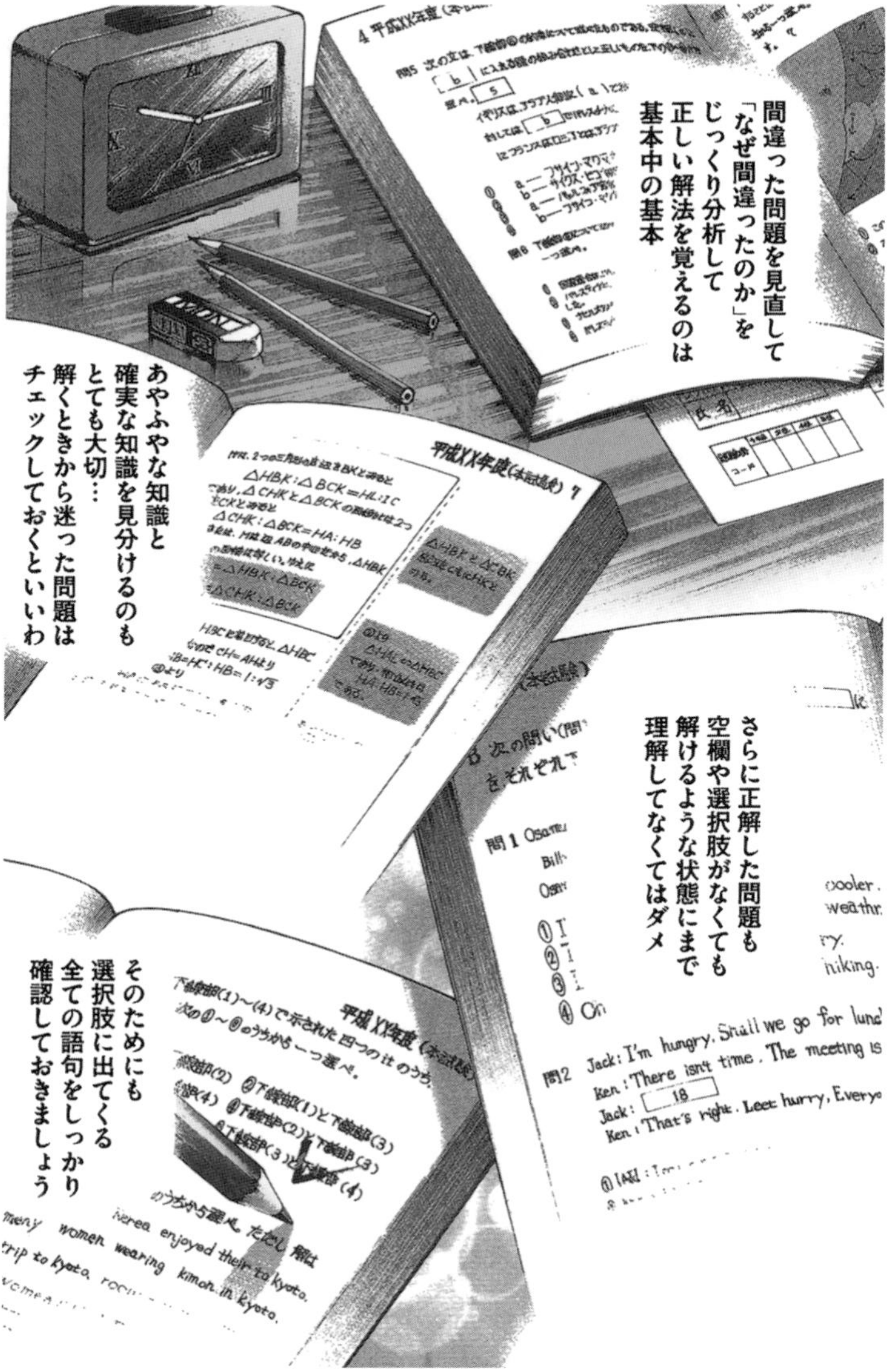
間違った問題を見直して
「なぜ間違ったのか」を
じっくり分析して
正しい解法を覚えるのは
基本中の基本
あやふやな知識と
確実な知識を見分けるのも
とても大切…
解くときから迷った問題は
チェックしておくといいわ
さらに正解した問題も
空欄や選択肢がなくても
解けるような状態にまで
理解してなくてはダメ
そのためにも
選択肢に出てくる
全ての語句をしっかり
確認しておきましょう

『ドラゴン桜』18巻・165限目「6：4の法則」

先ほど問題の解き方の工夫として、選択式の問題は選択肢を隠して、記述式で解いてみるという方法を紹介しました。ここでも同じように、答え合わせをして正解した問題でも、空欄や選択肢がなくても解けるようにしようと言われていますね。

なぜそんなことをするかというと、偶然ではなく本当に自分の力で解けるようにするためです。

たとえば、空欄補充の問題だと空欄の前後の文がヒントになって、うろ覚えの状態でも問題が解けることがありますよね。あるいは選択問題なら、わからなくて適当に選んだものが偶然合っていることもあります。そのような問題を答え合わせで○をつけて終らせてしまうと、本当に自分の力で解けるのかどうかわからないままになってしまうのです。

解答の根拠となる知識をしっかりと持っていなければ、解答の再現性はありません。次に似たような問題に出会っても、攻略できるとは限らないでしょう。ですから、あやふやな知識で迷った問題は正解していても必ずチェックする必要があるのです。

また、漫画にあったように「選択肢に出てくる語句はすべて確認する」も必須の作業です。選択問題で正解したときは、間違いの選択肢を細かく振り返らずに済ますことが多いのではないでしょうか？「解けているんだし、いちいち他の選択肢なんか見るなんて面倒くさいから別にいいでしょ」「間違えた問題にだけフォーカスした方がタイパは上がるのでは」と感じる人もいるかもしれません。

ですが、ここはきちんと時間をかける価値があります。もし問題文の中にある知らない語句や意味がわからない部分があれば、それが他のところで問われたときに解けない可能性があるからです。問題に使われている情報である以上、試験範囲に関連性があることは確かです。

この章の冒頭にお話したように、過去問では１００点満点を目指すためにも、間違いの選択肢に含まれる用語や公式などは、すべて自分にとって重要な知識だと思って吸収しておくべきです。

繰り返し述べますが、基本的に出題者側は、こちらの理解度を判別するために問題を作っています。知識があやふやなままでは攻略できないように、巧みに選択肢の中に罠をしかけています。

そのトラップに引っかからないようにするためには、こちらも知識で対抗するしかありません。どうやってこちらを誘導しようとして、何と間違えようとさせたのかがわかるようにするためにも、選択肢の中身をしっかり確認する必要があるわけですね。

先ほど「解き方の工夫」のパートで、自分で問題を作ってみましょうと言いました。あれは勉強のマンネリ化を防ぐだけでなく、自分の知識の定着度を確認したり、出題者の考えを把握したりする目的もあるのです。

答え合わせをして「合っていたからＯＫ！」とすぐ次に行かずに、本当に自分自身の力で解けたのかどうか、正解した問題でもしっかり確認するようにしてください。

6

忙しいときは、時短攻略法で勉強する

この章の最後に、過去問の時短活用法をひとつ紹介します。過去問を解くときは、時間配分もシミュレーションするためにフルで解くのが理想ですが、社会人になると毎回時間を作るのが難しい場合があります。

たとえばＴＯＥＩＣのＬＲテスト（Listening & Reading Test）は全体で2時間ありますし、国家公務員試験の1次では試験時間が3時間に及ぶ種目もあります。

休日は別として、仕事や予定が詰まっている日にこれだけ長時間過去問に取り組むのは、なかなか大変ですよね。そんなときは『ドラゴン桜』にある、時短勉強法を活用するのがおすすめです。

そこでこれから本格的受験指導態勢に入る!
まさに合格のみに的を絞った集中講座だ!
バカ
その第一弾がこの学習プリント名づけて……
〝柳《やなぎ》式問題解答同時プリント〟だ!

『ドラゴン桜』3巻・24限目「問題解答同時プリント」

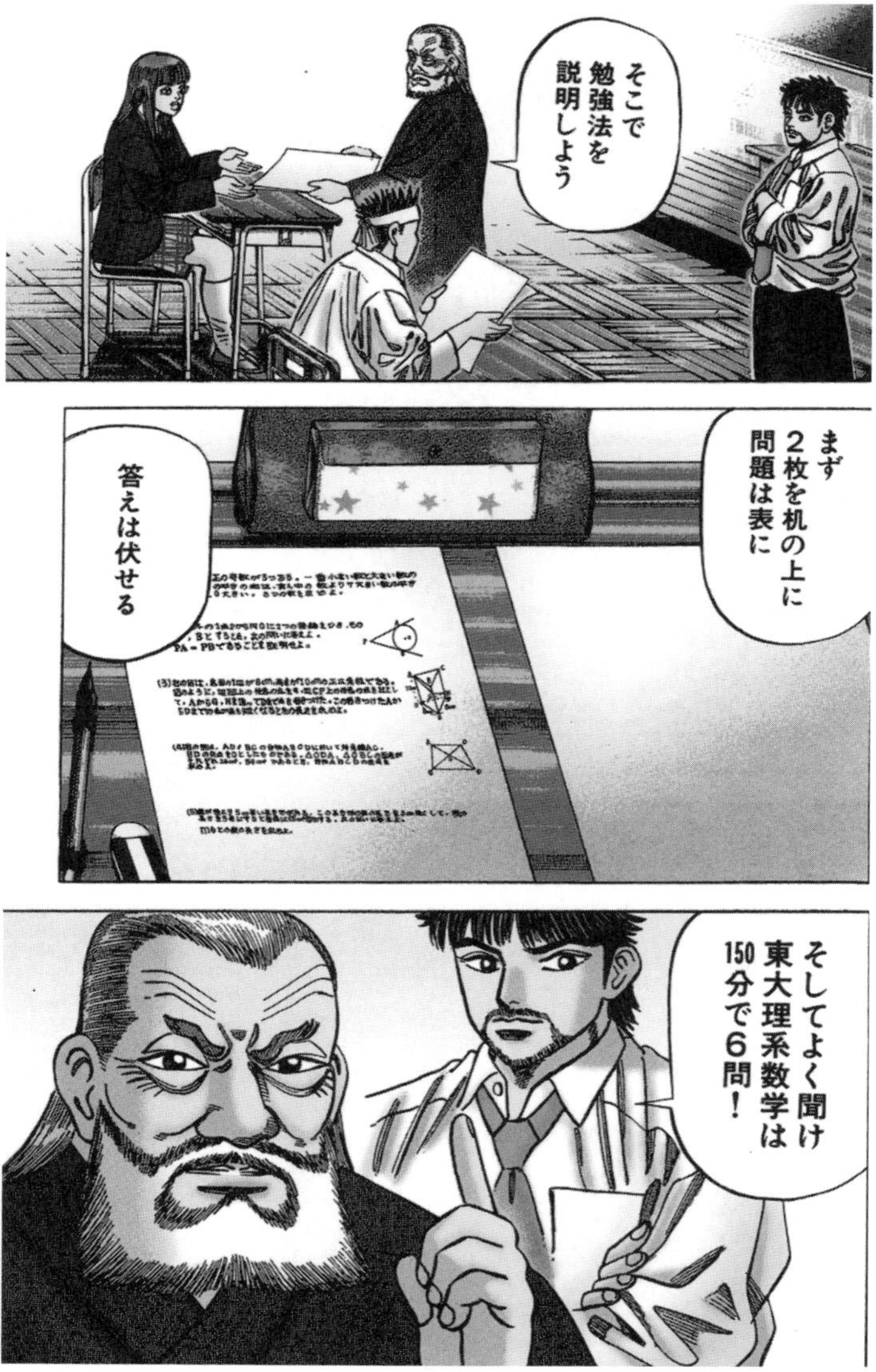
そこで勉強法を説明しよう
まず2枚を机の上に問題は表に
答えは伏せる
そしてよく聞け東大理系数学は150分で6問！

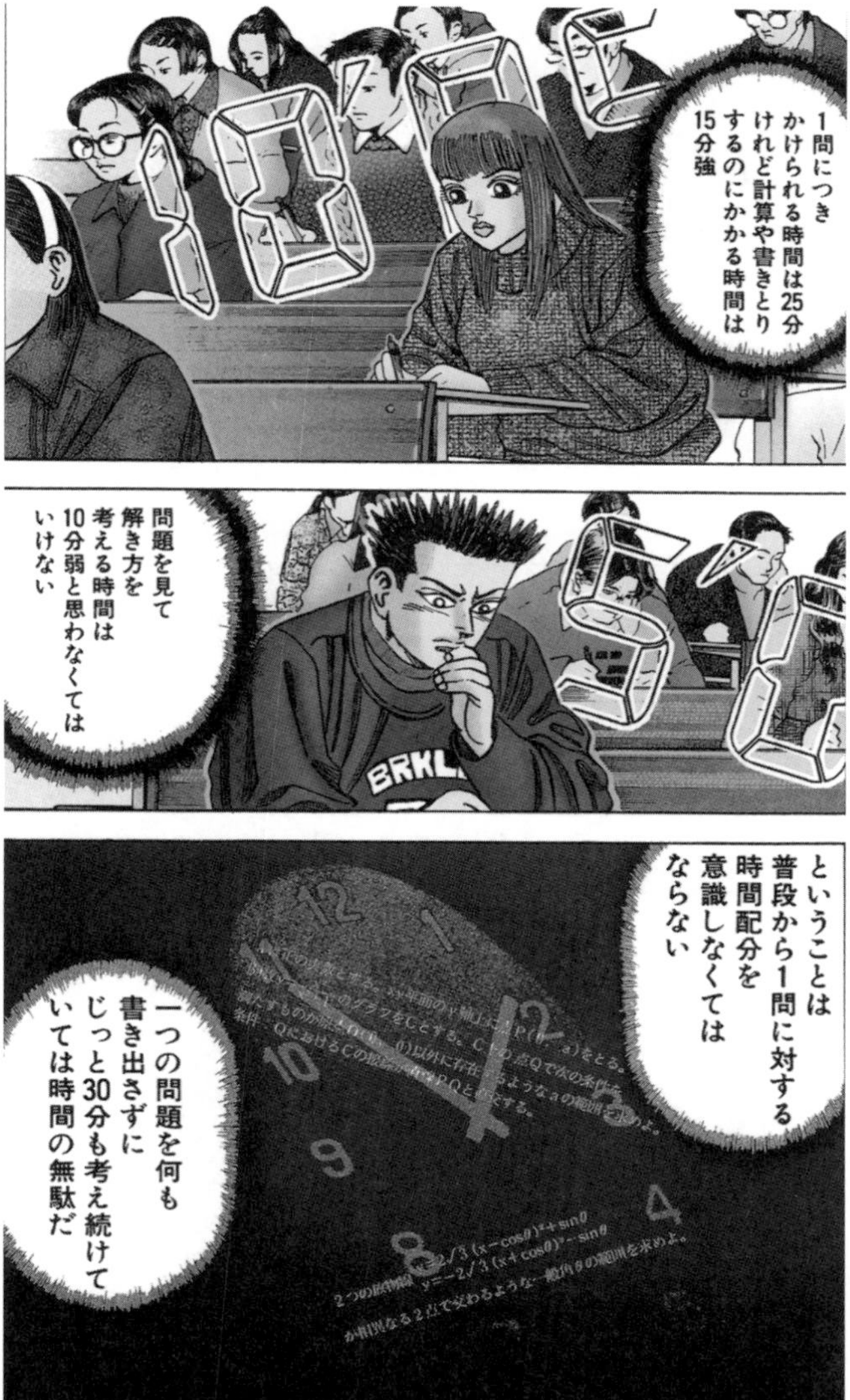
1問につき
かけられる時間は25分
けれど計算や書きとり
するのにかかる時間は
15分強
問題を見て
解き方を
考える時間は
10分弱と思わなくては
いけない
ということは
普段から1問に対する
時間配分を
意識しなくては
ならない
一つの問題を何も
書き出さずに
じっと30分も考え続けて
いては時間の無駄だ

試験で最も重要なのはどのように解き始めるか！
つまり問題攻略はスタートで決まる！
ここでつまずいたり違う方向に走り出したり
出だしがうまくいかなければゴールにはたどりつけない
文章題では何をXにするかが重要であり
A
P
図形の問題では補助線を引くだけで答えに大きく近づく

これらの対策法として問題を見て3分以内に頭の中で解き始めてスタートをイメージする
3分後すぐ答えを見る
解き始めが合っていればオッケー
問題はできたことにして次の問題へ……だめなら答えをじっくり読む
計算したり書いたりしなくていいから短時間にたくさんの問題に触れられる

水野《みずの》 矢島《やじま》
とにかく大量の
問題を体に浴びろ！
まさに
滝に打たれるように！
ド
ド
ド
ド
東京大学

いかがでしょうか。問題の解き始めの部分だけ書いて、すぐ答えを見て、書き出しが合っていればOKというやり方でしたね。漫画では数学の勉強法として説明されていましたが、数学に限らずどんな科目の勉強でも有効です。

たとえば、記述式の問題なら要点だけ書いて、答えを見て必要なポイントが過不足なく含まれていれば正解とみなします。小論文や長い英作文であれば「主張→根拠→具体例→結論」までの流れを箇条書きでまとめられたらOKとすればいいでしょう。計算が必要な問題なら式だけ書いたり、答えにたどり着くまでの流れを書くだけで済ませてしまうのもアリです。

このように、解答にかける時間を短縮することで、忙しいときでも大量の問題に触れることができるのです。

解き始めで間違った方向に行ってしまうと、時間をかけて解答を仕上げても無駄になるので、特に記述式の問題に慣れていないうちはタイパがいい勉強法と言えるでしょう。

ただし、もちろんこのやり方だけでは、本当の力はつきません。時間が取れるときに、きちんと正面から問題に取り組む必要があります。あくまで時間がないときの、あるいは記述式の問題に慣れていないときの勉強法として、活用してみてください。

ちなみこの時短勉強法は、体調がすぐれないときの応急措置としても使えます。個人的な話になりますが、私は冬の時期になると毎年「冬季うつ」という季節性のうつ病にかかり、何もやる気が起きなくなってしまう体質です。私はこの冬季うつのせいで、受験本番の直前期になると1日30分の勉強が限界でした。とても東大の過去問なんて、フルで解ける状態ではありません。そのため、時短勉強法で解答の要点だけパパッと書き出すようにして、何とか勘と実力を最低限キープしていたのです。

もちろん体調が悪いときは、無理せず休むのがベストでしょう。ただ、それでもやらなければならない状況が、みなさんにもあるかもしれません。そんなときの応急措置としてもこの勉強法は活用できるので、頭の片隅に入れておいていただければと思います。

第4章

年齢と脳の変化に合わせた勉強をする

1

年齢を重ねると、人は努力が苦手になっていく

ここでは序章で触れた「学生時代と同じ勉強法が一番自分に合っている」という勘違いを正すため、自分の年齢に合わせた勉強法を紹介します。

私は30歳になってから東大を目指した人間です。勉強を始めたときに感じたのは、「学生時代と同じようにはできない」ということです。

たとえば、一夜漬けでテストを乗り切ったり、ガッツで何時間もぶっ続けで勉強できていた頃とは、感覚がまったく違うのです。

「では一体、具体的に何が変わったのだろうか？」と考えて、そこからいろいろ調べてみました。するとひとつ、面白いことがわかったのです。それは、脳が変化してしまっ

ている、ということです。

突然ですがみなさんは、「21秒間で100回、小指で机を叩いてくれ」と言われたら、無条件でできますか？　もし「なんでそんなことしなくちゃいけないんだ」と思うのであれば、どんな報酬があればできるでしょうか？　21秒間で100回というのは、やってみればわかるのですが、結構苦痛を伴うものです。そのため、できる人とそうでない人に分かれるのですが、その二者には違いがあることがわかりました。

実はこれは、アメリカのテネシー州のヴァンダービルト大学の研究チームが、脳の機能について調べるために行った実験です。

具体的には、「被験者に、21秒間で100回、ボタンを小指で押してもらう。その際、このタスクをやり遂げた人には1ドルの報酬を与えることを告げ、クリアできるかどうかを試す」というものでした。被験者の脳波を調べながら実施して、最後まで作業をやり切る人とそうでない人とが、どのような違いがあるのかを調べたのです。

その結果については、『ドラゴン桜2』で描かれています。

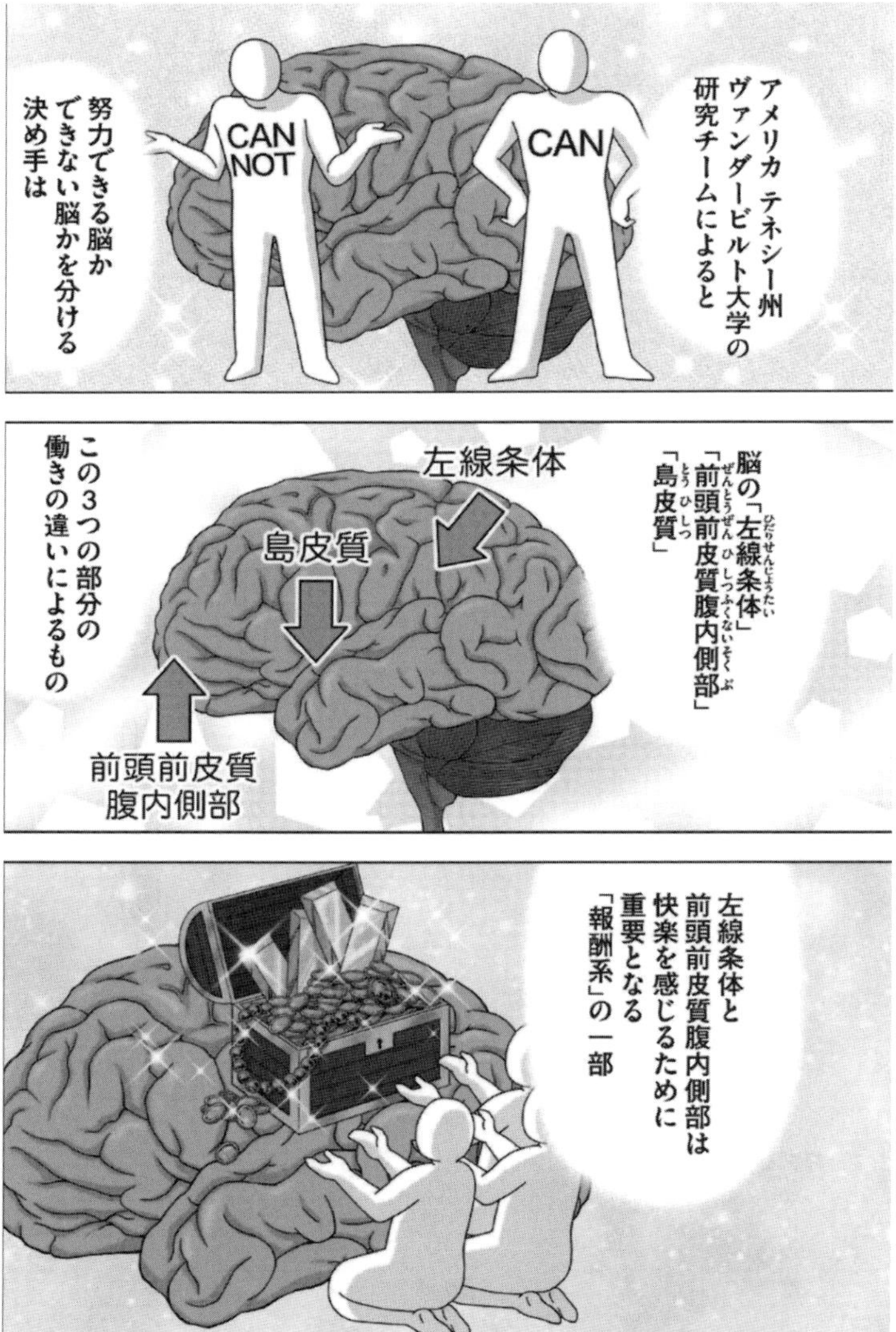
アメリカ テネシー州
ヴァンダービルト大学の
研究チームによると
CAN
CAN NOT
努力できる脳か
できない脳かを分ける
決め手は
脳の「左線条体《ひだりせんじょうたい》」
「前頭前皮質腹内側部《ぜんとうぜんひしつふくないそくぶ》」
「島皮質《とうひしつ》」
左線条体
島皮質
前頭前皮質
腹内側部
この3つの部分の
働きの違いによるもの
左線条体と
前頭前皮質腹内側部は
快楽を感じるために
重要となる
「報酬系」の一部

『ドラゴン桜2』7巻・48限目「努力できる脳・できない脳」

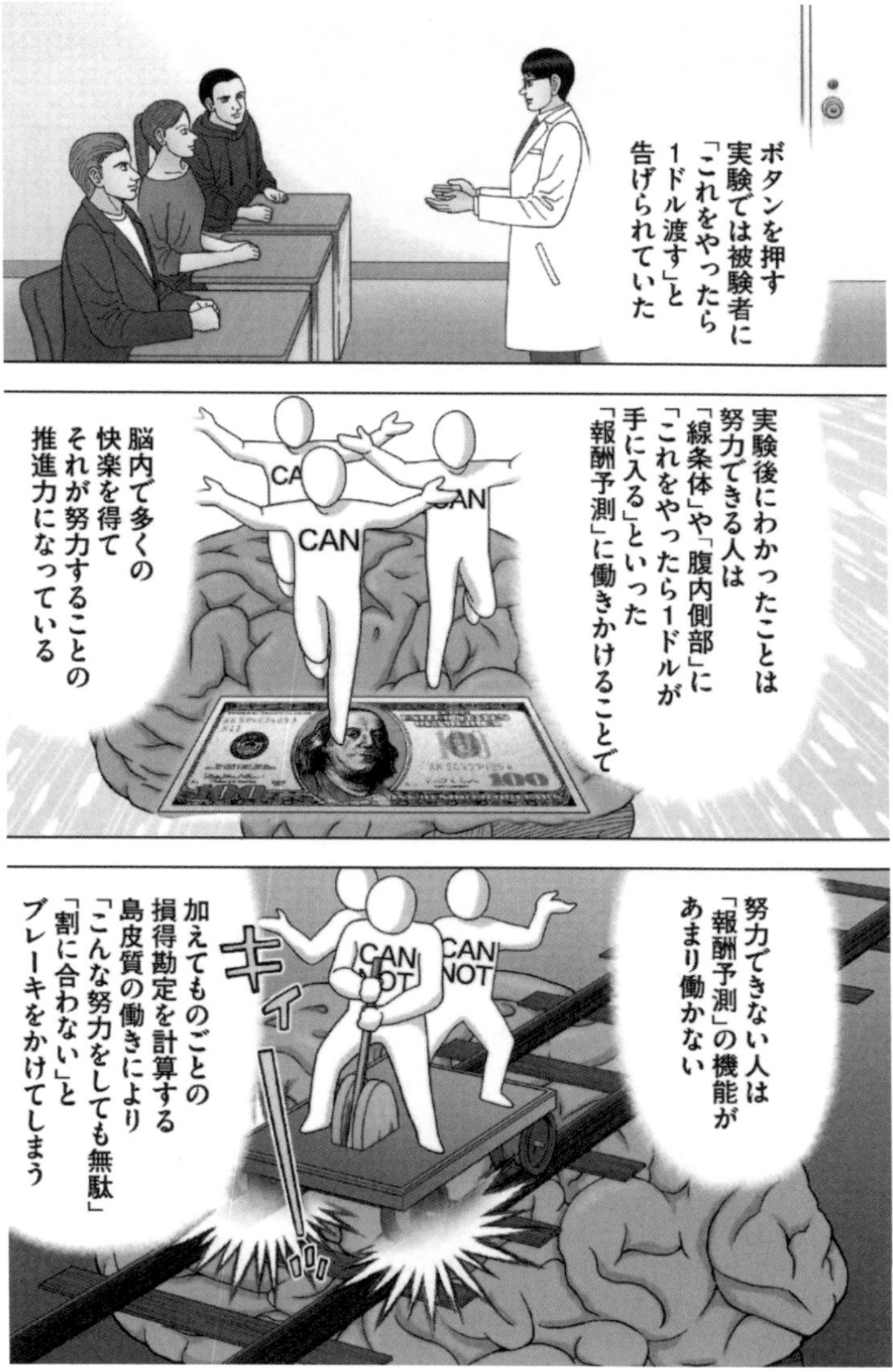
ボタンを押す
実験では被験者に
「これをやったら
1ドル渡す」と
告げられていた
実験後にわかったことは
努力できる人は
「線条体」や「腹内側部」に
「これをやったら1ドルが
手に入る」といった
「報酬予測」に働きかけることで
脳内で多くの
快楽を得て
それが努力することの
推進力になっている
CAN
CAN
CAN
CAN
努力できない人は
「報酬予測」の機能が
あまり働かない
キィ
CAN NOT
CAN NOT
加えてものごとの
損得勘定を計算する
島皮質の働きにより
「こんな努力をしても無駄」
「割に合わない」と
ブレーキをかけてしまう

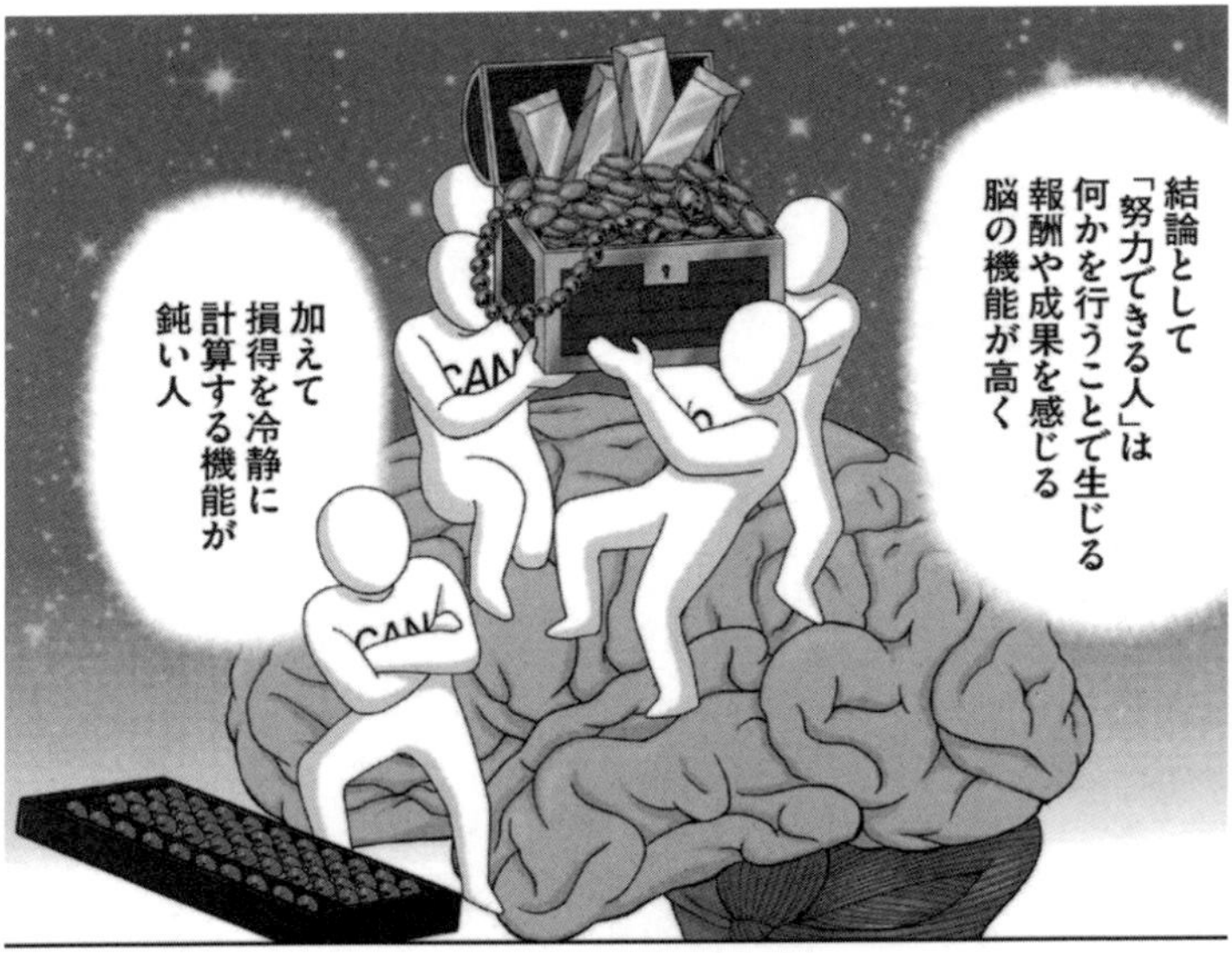
結論として
「努力できる人」は
何かを行うことで生じる
報酬や成果を感じる
脳の機能が高く
加えて
損得を冷静に
計算する機能が
鈍い人
CAN

「努力できない人」は
何かを行うことで生じる
報酬や成果を感じる
脳の機能が低く
損得を冷静に
計算する人
CAN
CAN NOT
CAN

努力できるか
できないかは
脳の機能の違いであり
たとえ努力することが
苦手でも
ダメ人間ではない
そもそも
努力が全てではなく
成果はいろいろな要素で
生み出されるものなの

この漫画でも描かれている通り、やる気というものは、基本的には「脳」から出てきます。脳から「やる気ホルモン」と呼ばれるドーパミンという物質が分泌されると、「やるぞ！」という気になります。

しかし、そんな中で脳の中でそのドーパミンの分泌を邪魔する場所があります。それは「島皮質」という部位です。ここは、大雑把に言うと人間の「損得勘定」をつかさどるところです。もし、みなさんの中で「なかなかやる気が出ない！」と感じている人は、ここが働きすぎてしまっているケースが多いわけです。

損得勘定が強いので、「なんでこれをやらなければならないんだ」という思いが先行してしまう。逆に何にでもやる気になれる人というのは、損得勘定をそこまで気にしない人なので、「なんでやるのか」という疑問がなくても実行できてしまう、ということです。

そして、大人になればなるほど、この脳の働きが強くなっていきます。「こんなことやっても無駄なんじゃないか」と考えて、勉強する手が止まる瞬間が増えていくのです。

おそらく多くの人が経験していると思いますが、年齢を重ねれば重ねるほど、些細なことに対して時間を費やせなくなることが多いのではないでしょうか。

たとえば、若い頃は何時間やっても苦痛ではなかったはずのテレビゲームがどんどん辛くなっていって、YouTubeなどの実況動画で満足してしまうという人も多いでしょう。あるいは、以前は海外旅行が趣味だったのに、だんだん面倒になってきて近場の日帰り旅行で済ませてしまうというケースもあるでしょう。

そして、これと同じことが勉強でも発生します。

「学生時代、好きな科目だったら何時間やっても苦痛ではなかった」という人でも、1時間もすれば「他のことに時間を使った方が有意義じゃないか」という考えがよぎる。「ノートをまとめるのが楽しかった」という人が、大人になって「こんなノートを書いても無駄なんじゃないか」と思ってしまう……どんどん「無駄なこと」をすることに耐性がなくなって、努力ができなくなっていくのです。

これはもう、どうしようもない話です。努力するのが苦手になっていくのは人間の常であり、年齢を重ねていく以上、避けることができないことです。それでも努力中心の勉強を続け、昔と同じように何時間も努力しようとして、「集中力が続かないのは精神力が弱いせいだ」と考えて自分を責める勉強というのは、本当によくないことだと言えます。

ですから、これを受け入れた上で、そしてむしろ「努力が苦痛なこと」を逆手に取って、次のような勉強を実践していきましょう。

2

目的の明確化とゴール設定

「努力が苦痛な人」でも、その気質をうまく活用することによって、勉強がはかどる場合があります。先ほどの研究論文によると、「損得勘定が強すぎると努力が続かない」とありましたが、損得勘定が強い人とは、言葉を換えれば、効率的に物事を進めたがる人のことです。

実際、東大に通う人たちに協力してもらって先ほどと同じ実験をした結果、努力できる脳と努力できない脳のタイプの割合は、半分ずつくらいでした。努力できない脳の東大生の方が若干多かったくらいです。

「努力できた方が、頭はよくなるんじゃないか」と考えると思いますが、努力できない脳でも、それを活かして東大に合格している人も多いのです。そういった東大生はおそらく、努力できる脳の東大生より、勉強時間こそ短かったかもしれませんが、その分「いかに効率的に、最短の勉強時間で最大の成果を出すか」を、徹底的に考えていたのだと考えられます。

こんな事例もあります。「勉強は1日2時間以上しない」と決めていたある東大生は、どんなに時間に余裕があっても、2時間以上は絶対にやらないと決めていたのだそうです。

そして、だからこそ、その2時間しかない勉強時間をいかにうまく使うかということを必死に考えていたのだそうです。無駄を削ぎ落とし、復習できないから一度で覚えなければならないと言い聞かせ、どんな勉強をしていても「これは意味があるのかな？もしもっと近道があるならそっちに乗り換えよう」と、時間短縮の手段を常に狙っている、そんな勉強をしていたのです。

第3章で述べたように、1日3時間しか勉強しなかった私も、そのタイプに近かったです。もともと無駄なことが嫌いで、何でも効率よく済ませたいタイプでした。いろいろと勉強法を試した結果、塾講師という職業上の特性も相まって、「説明勉強法」が一番タイパが優れているとわかったのです。

「効率最優先」というと、どこか冷たい、人間味のないようなイメージがある人もいるかもしれません。ですが、そもそも人は楽をしたがる生き物です。楽を追求したからこそ、文明が発展したとも言えます。『ドラゴン桜』では、これを「面倒臭い」というキーワードとして説明しています。

学校における
人格教育という
観点からすれば
問題があるのでは…
そもそも
面倒臭いという
発想を肯定して
しまうことには
疑問を感じます…
人間の根本的性質を
教育で矯正しようなんて
思い上がりも甚だしい
しかし…
いいか…
人間はすべて
面倒臭がり屋…
だから
創意工夫
するんだ

『ドラゴン桜』12巻・108限目「面倒臭い」

「何とか楽《らく》できないか…」
人類史上の画期的発明や
科学技術の発達は
すべてここから
生まれているんだ

だから…東大合格者が真面目な勉強好きだと思うのは大間違い…
彼らは究極の面倒臭がりの楽《らく》したがり…実は受験勉強も面倒臭くてしたくない

でも大学には入りたいからつまらない受験勉強をいかに手を抜いて楽《らく》して突破するかを考える…

ここでも描かれている通り、「面倒臭い」と思うのは悪いことではありません。むしろそう思うからこそ、効率化が可能になるわけです。逆に「努力できる脳」の人には、時間ばかりかかって結果が出ない、ということにもなりかねません。

楽ができないかを考えるというのは悪いイメージがありますが、むしろいいことなのです。

努力を効率化するには、次のA・B・Cの3つのステップが大切です。

A　まずは制限時間と目標を作る

「2時間でこの本を読破する」「30分でこのページまで終わらせる」というように、用意した時間の中で何を終わらせるのかを明確にしましょう。このときに意識するべきなのは、「明確な数字で目標を作る」ということです。

よく「暗記を頑張る」「問題集を進める」というように、目標設定の中に数字を入れない人がいますが、それではいけません。目標は、終わったときに振り返って、しっかりと「できた！」と言えるようになっていないといけないのです。「30分、暗記を頑張る」という目標だと、30分経った後にその目標を達成できたかわかりませんよね。「達成できたと言えばできたし、そうでないと言えばそうでないかもしれない」という状態だと、ダラダラした勉強になってしまい、成果につながりません。

一方、「問題集を10ページ終わらせよう」と目標を立てて9ページ終わらせていたら、「あと1ページだった！」と明確に振り返ることができます。「どうすればあと1ページ進められただろう？　単純に時間が足りなかったのか、それとも集中力の問題なのか」と、自分にとっての反省点を見つけて、次の勉強に活かせるようにもなります。しっかりと目標に数字を入れて、振り返りができる状態にしましょう。

B　目的を作る

次は、「目標を達成する目的を作る」です。これについて話す前に、みなさんは「目的」という言葉と「目標」という言葉の違いをご存じでしょうか？

おそらく多くの人は、両方とも同じように「ゴール」という意味で使っていると思うのですが、実は明確な使い分けがあります。目的は「最終的に成し遂げたいこと」で、目標は「その目的を達成するための指標」を意味します。

英語で言うとわかりやすいかもしれません。目的は英語で言えば「goal」または「purpose」です。「こんなことがしたい」という最終的なゴールが目的だと言えます。「お金持ちになる」とか「英語がペラペラになる」といったことが当てはまりますね。

それに対し、目標は英語で言えば「target」です。目的にたどり着くために立てる中間の指標や、目的にたどり着くための行動・数字を指します。「お金持ちになるために、こういう企業に入社する」とか「英語をペラペラにするために、英単語を２０００個覚える」という感じで、数字での指標が目標になります。

先ほど決めたのは、目標でした。「ここまで終わらせる」という数値的な目標を立てたので、次はその目標を通して、何を達成したいのかというゴールを明確にする必要があります。勉強する目的がはっきりしていれば、それを叶えたときの自分を想像してワクワクした気持ちが湧いてくるでしょう。

反対に、目的があいまいなままだと、勉強のモチベーションは長続きしません。勉強で人生を変えるためには、まず目的を明確化しておくことが必要です。

C　振り返ってみて、できていないところを整理する

ＡとＢまでで勉強できる準備段階は整ったので、最後は実行のフェイズです。実際に勉強してみましょう。そして、次の2つを検証します。

・制限時間を守れたか？　または、目標は達成できたか？　できなかったのなら、どこで効率化できるか？
・目的は達成できたか？　達成できなかったとしたら、どんな部分を意識して次に活かすのか？

前者は、タイパを改善する方法を考えることにつながります。そして後者は、勉強の質を上げることにつながります。

勉強の成果は「かけた時間×量×質」というかけ算によって決まります。いくら時間を費やしても、量や質がともなっていないと成果は出ません。このＡ・Ｂ・Ｃの３つ

のステップを踏んで、かけ算の答えが最大になるようにすることが大切です。

3

ポモドーロテクニック

次に紹介するのは、ポモドーロテクニックです。これは、イタリアで生まれた時間の使い方に関するテクニックです。

この方法では実際に作業をする時間を25分間と定めて、その時間が終わったら5分間の小休憩を取ります。何度かそのセットを繰り返した後は、30分の休憩を取ります。作業のために長い時間で考えるのではなく、短い時間の区切りに分け、小休憩をはさむ構図にすることで、それぞれの作業に集中することができます。大人になって集中力が低下してきた人におすすめのやり方です。

ポモドーロテクニックでは、作業時間と休憩時間をセットにして予定を組みます。たとえば、2時間が与えられていた場合、25分と5分の30分のセットが4つであると考えます。そして、25分間作業に取り組み、それが終わったら5分間の休憩を取るのです。

先ほどの目標設定で、「このテキストを20ページ、2時間で終わらせるぞ!」と考えたとします。その上で、25分の勉強時間と5分の休憩時間に分けて、「25分で5ページ進める、を4回繰り返せば、今日のノルマが達成できる」とわかるようになるわけですね。

もしかしたら、気分が高まっていて休憩したくないときもあるかもしれません。そういった場合でも、はやる気持ちを抑えて休憩すれば、次に作業を再開するときに「次はこれをやるんだった!」と勢いよく取り掛かれます。作業と休憩の繰り返しが重要です。

ポモドーロテクニックは一見すると単純なことのようですが、長時間にわたって集中して勉強をする際には特に効果的です。休日などにまとまった勉強時間が取れる際は、ぜひ活用してください。

4

自分へのご褒美を用意して、脳をやる気にさせる

この章の最後に紹介するのは、勉強法というよりも集中力やモチベーションを上げる裏ワザのようなものです。

いくら勉強が大切だとわかっていても、苦手だったり嫌いな分野の勉強をしなければならないときってありますよね。あるいは単純に、勉強の気分が乗らないときだってあると思います。

ただ、そんな場合でも時間は待ってくれません。結果を出すためには習慣を切らさず、継続的に勉強することが何よりも大切です。

そんなときに有効なのが、「勉強する自分へのご褒美を用意する」というテクニックです。イヤイヤながらやる勉強はストレスを感じ、脳の働きが落ちてしまいます。そんな風に勉強に対してネガティブな感情が湧きそうなとき、自分の気持ちを高めてくれるようなご褒美、いわば勉強のおともを用意するのです。

たとえば、勉強をするときに大好きなコーヒーを淹れて、じっくり味わいながらテキストに向かう。お気に入りのアロマを焚いて、いい香りに包まれながら勉強する。オンライン教材やYouTubeなどで、自分の好みの先生の話を聞く。このように、自分にとって楽しい・気持ちいいというポジティブな感情が湧くきっかけを用意することで、勉強に対するネガティブイメージを消してあげるのです。

私自身の例で言えば、東大受験の勉強をしていたとき、数学が苦手でなかなか勉強する気が起きませんでした。そこで、数学を勉強するときにはお気に入りのゲームで流れるバトルの曲（テンポの速いロック調の音楽）をかけるようにしていました。ゲームでバトルするときの高揚感を勉強に持ち込んだのです。

すると、嫌だった数学の勉強が、音楽に気分を乗せられて楽しくなりました。ゲームで敵を倒すのと同じように、自分が数学の問題と戦っている感覚で勉強できて、いつの間にか「勉強のために音楽をかける」というより「音楽を聞きたいがために数学を勉強する」というくらいまでになりました。

もちろんこれは私個人の例ですが、みなさんも何かしら勉強のおともにできる、自分なりの「好き」があるはずです。

学生時代は「テストがあるから」「周りがみんな勉強しているから」と、明確な目標がなくても何となく勉強は頑張れたものでした。ただ、大人になると自分で工夫して勉強する気分を高めない限り、どうにも腰が上がらないことも増えてきます。

なかなか勉強する気分になれないときは、自分が楽しい気持ちで勉強に向かえるような最高のパートナーを探してみてください。

第5章

「コツコツ努力できない」の悩みは、タイパ最強のアプリで解決する

1
脳が衰える「食わず嫌い」を避け、新しいものに積極的にチャレンジする

第5章では「コツコツ努力できるかは才能の問題」という最後の勘違いについて扱っていきましょう。

よく「努力する才能がなく、三日坊主で終わってしまう」と口にする人がいますね。三日坊主だけでなく、勉強しているといろいろな悩みが出てきます。「集中力が続かない」「モチベーションが上がらない」「なかなか記憶が定着しない」など、数え上げたらきりがありません。

ただ、それらの悩みは気合いや根性などで片づけるより、テクノロジーに頼った方が手っ取り早いです。今は勉強の習慣づけや暗記、教材の進捗管理など、従来の手間を一

気に省きつつ、私たちの成長を促してくれるものが非常にたくさんあるのです。これらを有効活用しない手はありません。

そこで本章では、勉強に役立つアプリについて、使う意義も含めて詳しい解説をしながら紹介していきます。

ところで現在は、スマホの弊害がいろいろと叫ばれています。みなさんも「スマホ依存」という言葉を一度は聞いたことがあるのではないでしょうか？　最近の勉強系の書籍でも「勉強のときにはスマホの電源を切って手の届かないところに置いておくのがいい」と書いてあるものが多いです。

もちろんこれは集中力をキープするのには有効な方法なのですが、一方でスマホを活用した勉強法が一切使えないという側面もあります。

なぜ勉強においてスマホが敵視されるかと言えば、ＳＮＳを見たりゲームをしたりという誘惑に駆られたり、電話やさまざまな通知が来て集中が妨げられたりするからですよね。裏を返せば、もしこれらの要素がコントロールできれば、スマホを勉強の敵ではなく、味方につけることができるわけです。

たとえば東大生の子たちでも、受験生だったときはＳＮＳの通知や投稿を一切なくす、あるいはアカウントを消すなどして誘惑を遮断する一方で、勉強系のアプリを使っていた人は多いです。むしろ自分の勉強の悩みに対して、解決策になるものを積極的に探して活用しているのです。この点については、『ドラゴン桜２』でも説明がなされていました。

『ドラゴン桜2』10巻・79限目「アップデート力」

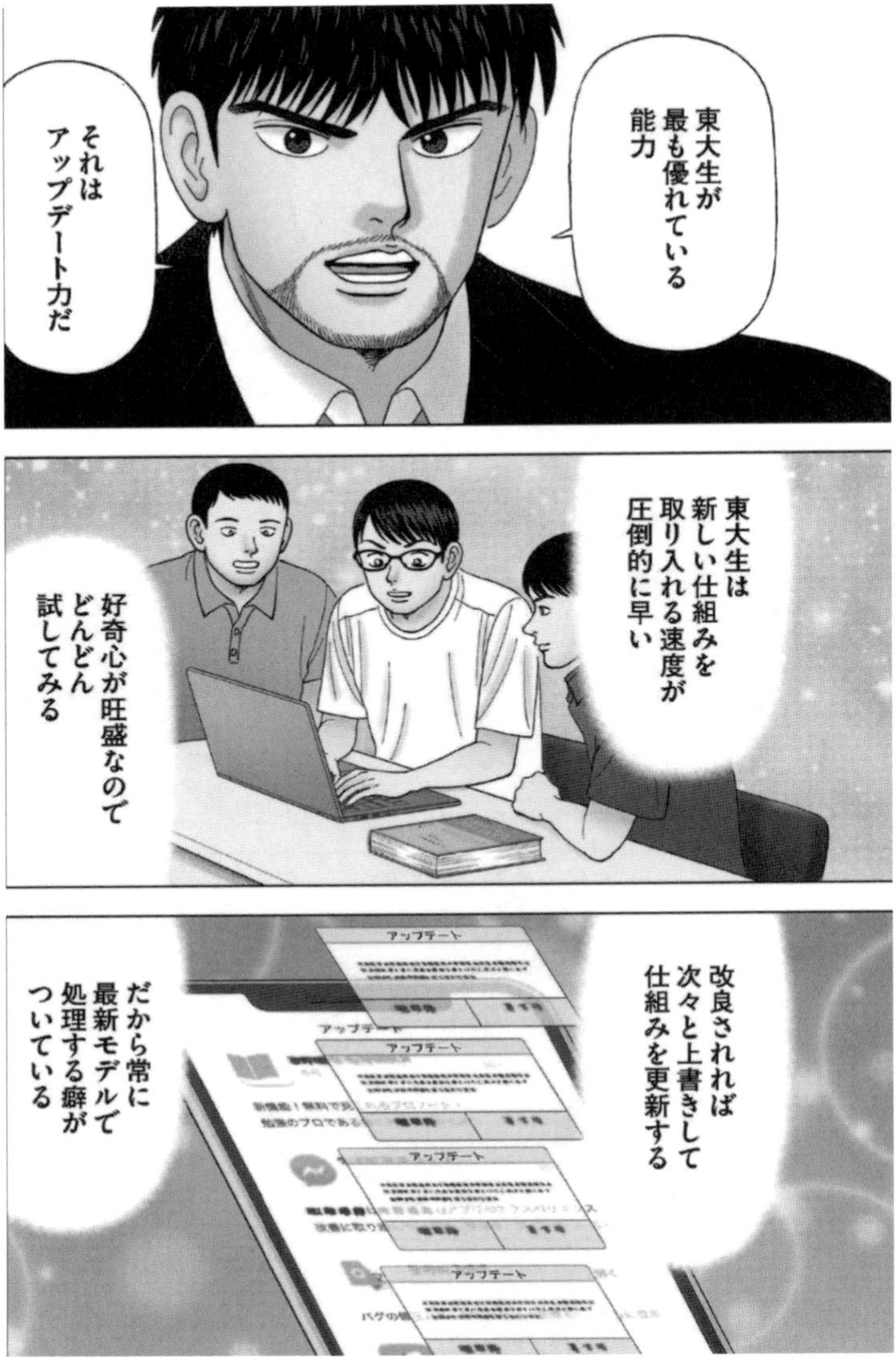
東大生が最も優れている能力
それはアップデート力だ
東大生は新しい仕組みを取り入れる速度が圧倒的に早い
好奇心が旺盛なのでどんどん試してみる
改良されれば次々と上書きして仕組みを更新する
だから常に最新モデルで処理する癖がついている
アップデート
アップデート
アップデート
アップデート

世の中の新しい仕組みを鯨のごとく丸呑《の》みしていく！
これが東大生だ！

私は東大に入ってから今までずっと現役の東大生たちと接していますが、彼ら彼女らの吸収力には目を見張るものがあります。「東大生のアップデート力」は、正にこの漫画にある通りなのです。

私も気をつけるようにしていますが、年齢を重ねていくとだんだん新しいものに対して抵抗を感じるようになり、「今までのやり方を変えることで損をするかもしれないし、面倒くさいから今のままでいいや」と変化を拒むようになります。それが続くと脳への刺激がどんどん減ってしまい、衰えていく一方になってしまいます。

これから紹介するアプリは、なかなか人力では難しいような、かゆいところまで手が届くものばかりです。もちろん目的や必要なシーンは人それぞれなので、最終的な取捨選択は読者のみなさんに委ねます。

ただ、頭ごなしに「スマホ＝悪」だとか、「もうこういう新しいものにはついていけない」と思い込んで、一切使わないまま切り捨ててしまうのは非常にもったいない。判断するのは、とりあえず試してみてからです。仮に合わなかったとしても、「新しいものに挑戦してみた」という経験は残ります。そうすれば、今後また何か新しいものを試す必要に迫られても、さほど抵抗なくできることでしょう。

勉強のタイパを上げる手っ取り早い方法は、最新のテクノロジーに頼ることです。ぜひ積極的にトライして、自分にとって最適な勉強法をアップデートしてもらえればと思います。

2

集中力と勉強の習慣を身につける

さて、みなさんの中には、これから勉強を始めようと思っているけど昔みたいに勉強の体力があるか心配だという人もいるでしょう。あるいは始めてみたけれど、なかなか集中力が続かないと悩んでいる人もいるかもしれません。そんな方におすすめなのが、その名も「集中」というアプリです。

このアプリは、勉強を始めるときにタイマーをセットして、自分の集中力がどれだけ続いたかを可視化するものです。10分・25分・60分の中からタイマーを選択して、一息つきたいと思ったところで停止すると、集中できた時間を記録として残してくれます。

勉強を始めたてのうちは、全然集中力が続かないかもしれません。タイマーを止めてみて、あまりの勉強時間の短さに驚くこともあるでしょう。それでも心配はいりません。運動と同じで、続けているうちに勉強の体力もついていきます。このアプリは1日ごとや1週間ごとなどの記録を棒グラフで表してくれるので、自分の勉強時間や集中できた時間が伸びていくのが見えてモチベーションになります。

また、勉強の合間の休憩時間も設定することができて、メリハリがつけやすいです。休憩が終わるタイミングで自分を励ましてくれるようなメッセージも出てくるので、「よし、次も頑張ろう」と気持ちを切り替えることができます。第4章で説明した「ポモドーロテクニック」にもピッタリですね。無料でダウンロードできて、広告が一切ないのもおすすめできるポイントです。

3

継続のコツは最初に無理をしないこと

第4章でも述べたように、勉強の成果は「時間×量×質」で決まります。大人になると「時間」のところにどうしても制限がかかりやすいので、「量×質」の部分をいかに高めるかがカギになります。

「質」は「集中力」が担う部分も大きいですが、いきなり何時間もぶっ続けでやるとすぐに無理がきます。すでに勉強の習慣がある人はいいですが、これから勉強を始める人は、まず1日10分集中することを目指しましょう。「そんなに短い時間でいいの？」と思われるかもしれませんが、習慣づけのためには最初に無理しないことが肝心です。初めのうちは簡単なタスクのクリアを繰り返して、達成感を得ながら少しずつ負荷を上げていく方が継続につながります。

私は子どもの頃から、自分で机に向かって勉強する習慣がほとんどありませんでした。そのため、東大受験の勉強を始めたときは1日10分、数学の計算問題を解くことから始めました。実際は時間ではなく問題集を1ページ分解いたら終わりにしていたので、最初の簡単な問題を解いていた頃だと10分もかかっていなかったと思います。

そこから少しずつ時間を伸ばし、勉強を始めてから1ヵ月後には、1日1時間ほど集中して勉強できるようになりました。それを継続して、最終的には仕事がある日でも1日3時間まで勉強できるようになったのです。

いきなり猛烈に頑張るとすぐに息切れしてしまう可能性があるので、これから勉強を始める方は最初に無理をせず、自分が集中できる時間が少しずつ伸ばすことを意識する方がいいでしょう。その進捗を管理する意味でも、「集中」はおすすめのアプリです。

4

「みんチャレ」で勉強する仲間を見つける

これまで大人の勉強においてタイパが一番重要だと説明してきましたが、時間の他にもうひとつ難しい問題があります。それは、勉強する仲間が見つけにくいことです。

みなさん、学生時代を思い出してみてください。テスト前や受験期など、周りの人たちが勉強しているから「自分も勉強しなきゃ」という気にさせられた経験はないでしょうか？　特に具体的な志望校や将来の目標がなくても、「周りが受験するから何となく自分も」と受験した人も多いと思います。

人は多かれ少なかれ、他人から影響を受けるものです。学校という空間は、実は勉強の原動力を生み出すのに一役買っていたのです。

ところが、大人になると勉強仲間を見つけるのは途端に難しくなります。目指す資格やゴールもバラバラですし、そもそも周りの人がみんな勉強をしているとも限りません。学校なら勉強をするのが当たり前だったのが、大人になるとそうでなくなってしまうのです。

いざ目標を立てて意気込んで勉強を始めても、刺激し合う仲間がいないとだんだんモチベーションが薄れてきて、勉強が辛くなってしまうことがあります。

それを防いでくれるのが、『ドラゴン桜2』でも紹介されていた「みんチャレ」というアプリです。

みんチャレ
About
カテゴリーから探す
ダイエット
みんチャレ？
新しい習慣を身につけたい5人がチームを組み
チャットで励まし合いながらチャレンジする三日坊主防止アプリだ

『ドラゴン桜2』10巻・78限目「歯を磨くように」

早瀬と天野も
登録し
5人一組になって
勉強する
このアプリを使って
毎日勉強する習慣を
身につけるんだ
画像を互いに
共有し合うのか
自分が
勉強した成果を
他の人と
見せ合うのね
勉強しないと
サボってることが
チームの仲間に
知られてしまう
チャレンジ達成率
54%
25%
【受験勉強】数学の勉強を習慣づけたい！という人の為のグループです。
これなら 自分に
厳しくなれそう
ちょっとでも
毎日勉強しようって
気になる

これ イイ！
面白い！ すぐ登録して 始めよっと！
今の若い子たちねえ 撮った写真を 知らない人に 見せることも 全く気にしない
シャイなはずの 天野くんも 全く抵抗がない むしろ積極的
これも ユーチューブで 自分の映像を 公開しているから
SNSが 彼らを 成長させることに すごく役立っている 証拠だわ

みんチャレは習慣化を促すには最適のアプリだ
理由として人は同じ属性や同じ目的の人とともに行動したほうが高い効果を得やすいから
ダイエットなどは同じ性別 役職 体重など同じ属性や環境の人と行うと習慣化しやすいことが科学的にわかっている
仲間とのコミュニケーションが習慣化を促す
頑張ろう
目標設定が同じ者同士の共感と励ましが信頼関係を生み成果につながる

スマホで
仲間と一緒に
勉強して
合格を目指す！
みんチャレ
About
みんチャレは
新しい時代の
受験勉強
最新スタイルだ！

一緒に勉強を頑張る仲間がいるのはとても刺激になります。TOEICなどのメジャーな試験なら周りでも仲間が見つかるかもしれませんが、たとえば司法書士や公認会計士などの資格試験は、受験者が比較的少ない上に合格率も低い難関です。

孤独な環境で難しい勉強を続けるのは、精神的に辛いものがあります。私も30歳から東大受験の勉強を始めましたが、同世代で大学受験をする人など周りにまったくいなかったので、励まし合える仲間がいたらと何度思ったか知れません。

「みんチャレ」はちょうど私が受験を終える頃にリリースされたのですが、今だったら間違いなく使っていたアプリです。有料プランもありますが、無料でも一通りの機能は十分使えるので、勉強仲間がほしいときは試す価値のあるアプリです。

5

「スタディプラス」で教材ごとに勉強を管理する

「スタディプラス」では自分が使う教材を登録して、それぞれの教材ごとに勉強時間や進捗を管理することができます。他人のアカウントの勉強の記録を見ることができたり、コメントやフォローの機能も使えたりするなど、いわば勉強に特化したＳＮＳですね。

先ほどの「みんチャレ」は目標を共有する仲間を見つけてチームを組む形でしたが、「スタディプラス」は同じ教材を使って勉強している人を見つけやすいという違いがあります。登録する教材を検索すると、その教材を使っている人数やユーザーのアカウントを表示してくれるためです。特に自分が勉強している資格や教材がマイナーなものだった場合、こちらの方が同じ仲間が見つけやすいでしょう。
また、試験に合格したり目標を達成した人の記録を見て、自分と共通の教材の他に何を使ってどのくらいの時間をかけて勉強していたかもわかるので参考にしやすい、というのも利点です。

他人の記録にコメントをしたりフォローをしたりするのはSNSと同じで義務感もないので、「刺激を受ける勉強仲間はほしいけど、毎回誰かとやり取りをするのはちょっと……」と思う人には「スタディプラス」の方が合っているかもしれません。こちらも基本的な機能は無料で一通り使えます。有料プランでは広告の非表示やタイムラインのカスタマイズなどができます。

6 「WordHolic」で暗記の効率を上げる

ここからは勉強の習慣ではなく、タイパを上げてくれるものを紹介します。
まずは暗記に便利な「WordHolic」です。みなさんは学生時代に、紙の暗記カードに1枚1枚手作業で覚えたいことを書き込んで、繰り返しめくって覚えて……という勉強をしたことはないでしょうか？　もちろんこのような反復は記憶の定着に有効なのですが、作ったり入れ替えたりする作業が大変です。その手間を解決してくれるのが「WordHolic」という暗記アプリです。

このアプリは自分で作った暗記カードをフォルダごとに分けて管理することができ、編集や追加・削除も簡単です。カードへの入力文字数の制限もないため、単語だけでなく文章問題も作成可能な他、カードの裏表の他にコメントを追加することもできます。カードには画像を入れることもできるため、覚えたい内容に関する写真を添えたり自分で描いたイラストを活用したりすれば、覚える効率がもっと上がるでしょう。

さらに29ヵ国語に対応した音声読み上げに加え、再生速度の調整機能もついているので、特に語学学習には最適な暗記ツールと言えます。

カードの順番をシャッフル、あるいは裏表を反対にして表示するオプションもあるので、順番で覚えたりマンネリになったりすることを防げます。暗記テスト機能も充実しており、ブックマークしたカードだけを出題する、テストで解いてみて「自信がない」と設定したものだけを出題するなど、自分でテストする範囲をカスタマイズして実行することができます。カードの復習サイクルを何日ごとにするかや、暗記済みのチェックを何回入れたらゴールにして暗記率を計算するかも設定できるなど、とにかくかゆいところまで手が届く設計になっています。

また、スマホからでも暗記カードを作成できますが、アプリ内からダウンロードできる単語データ作成テンプレートファイルを使えば、パソコンで入力したデータを入れることもできます。大量のデータを一気に入力したいときは、こちらの方が便利ですね。アプリ内の機能はすべて無料で使うことができ、有料で広告を消すことも可能ですが、使っていてそこまで気になるほどでもありません。ちょっとしたスキマ時間さえあればすぐに復習ができるので、暗記作業については、間違いなくタイパが上がるツールです。

7

「あったらいいな」と思うものは、とりあえず調べて使ってみる

さて、ここまで読んで「他にもこういうアプリはないのかな？」と思った人もいるかもしれません。おそらくそれは、探せばいくらでも出てきます。

ここでは紙幅の都合で詳しくは紹介しませんが、たとえばＡＩを相手に気兼ねなく、かつ効率的に英会話のトレーニングができる「Speak」、ＰＤＦやPowerPointなどの資料に書き込んだり、手書きのノートに画像やハイライトを入れてまとめたりするのに便利な「Good Notes」、スマホをかざすだけで数学の問題の解答と解説をＡＩが探してくれる「ＱＡＮＤＡ」など、誰かが「あったらいいな」と思いそうなものは何でもあると言っていいレベルです。

ChatGPTのような生成ＡＩを活用した勉強法も、日進月歩どころか、秒進日歩と

言ってもいいぐらいのスピードで進化し続けています。タイパを上げるためには、これらの先端テクノロジーを活用しない手はありません。

ちなみに私が東大受験を始めた当時はまだスマホを使っておらず、代わりにエクセルを使ってノートをまとめたり、勉強の記録やスケジュールを管理したりしていました。これですら手書きよりもはるかに手軽に作業することができ、「なんて便利な時代なんだろう」と思ったものです。今なら間違いなく、もっと効率的に勉強が進められるでしょう。

みなさんも勉強しながら「こんなのあったらいいな」と思ったら、すぐに調べてみてください。きっとその望みを叶えてくれるような、タイパ抜群のツールがすぐに見つかるはずです。

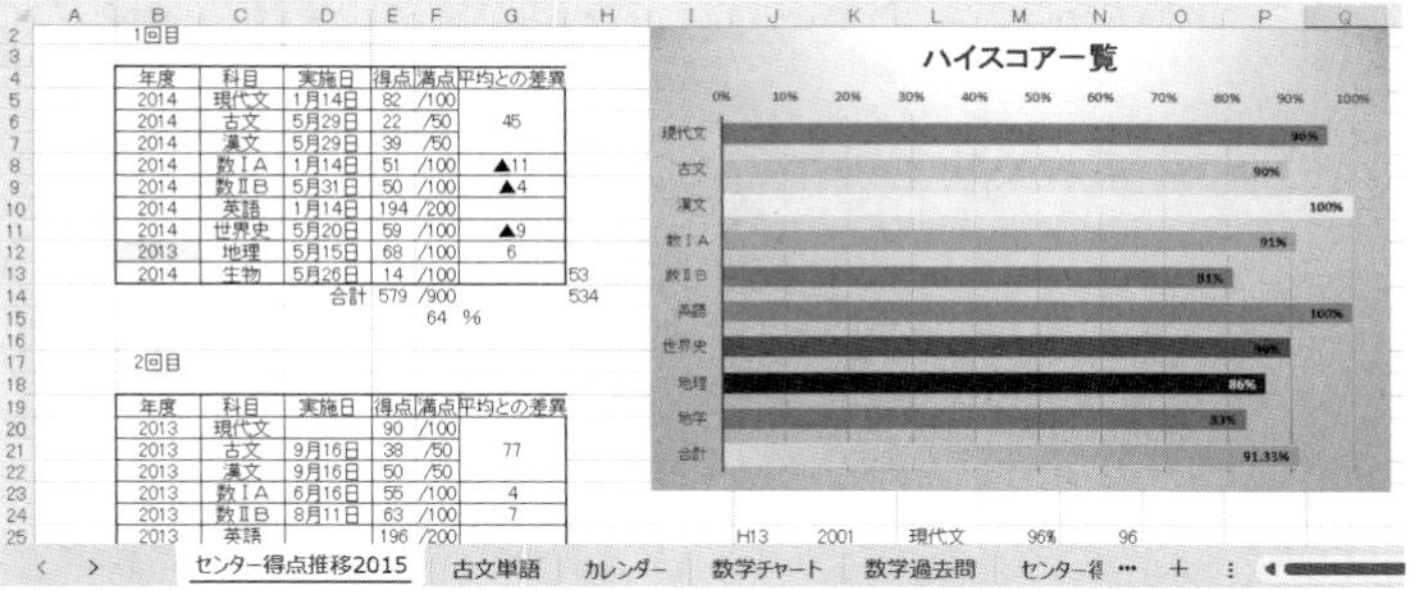

（センター試験の過去問演習の記録）

（地図と一緒に世界史の年表をまとめたシート）

8

SNSやビデオ・録音ツールをアウトプットに活用する

第2章ではアウトプットの重要性について触れましたが、今ではさまざまなアプリがアウトプットに活用できます。

たとえば、「SNSやブログなどで勉強用のアカウントを作り、その日に勉強した内容を発信している人を見かけることも珍しくありません。先ほどの「みんチャレ」や「スタディプラス」もそうですが、人に見られているという緊張感や、誰かから反応があるという嬉しさは、一人で勉強しているときには得られないものです。

他にも、スマホに備えつけのボイスレコーダーやビデオ機能を使って、アウトプットすることもできます。第2章でご紹介した「説明勉強法」を、自分でスマホに向かってやってみるのです。私は塾講師という職業柄、勉強を教える相手や経験には事欠きませんでしたが、身近なところで都合のいい相手を見つけるのは普通は難しいですよね。仮に見つかったとしても、自分が勉強している内容に興味を持ってくれたり理解してもらうのは、簡単なことではありません。

そこで活用したいのが、ボイスレコーダーやビデオ機能です。自分でその日に勉強したことやしっかり理解したい内容を、スマホに向かって一から説明してみるのです。自分がどれだけきちんと話せているかが一目瞭然で、しかも繰り返し再生して「どこが理解があいまいか」「なぜここが上手く説明できないのか」と細かく振り返ることができます。

最初から自分で説明するのが難しいときは、動画などを参考にしてモノマネから入ってみるのもいい方法です。必要なところは何度もやり直して、自分がお手本にしている先生のような説明ができるようになったら、もうその内容はほぼ完璧に頭に入っていることでしょう。

さらに、そのうまくできた説明の録音や録画は、保存しておけば復習にも活用できます。いくら練習してもやらなければ忘れてしまうので、定期的な復習は必要です。

その際、何度も繰り返してやっとうまくいった録音や録画なら、見た瞬間に「ああ、ここは最初苦労したところだな」「これは自分なりにきちんと説明できるようになって嬉しかったな」などとそのときの記憶がよみがえって、頭に残りやすくなります。手軽にできて効果が高いので、身近に教える相手がいないという人は、ぜひ活用したいところです。

9 YouTubeの環境音で勉強の質を上げる

勉強するときは静かな環境が好ましいですが、人はまったくの無音より多少のノイズがあった方が集中しやすいと言われています。ただ、音があれば何でもいいというわけではありません。

たとえば好きな歌手が歌っている曲を流したりすると、歌に含まれる言葉の方に意識が分散してしまい、能率が落ちる可能性が高いです。その代わりにおすすめしたいのが、YouTubeで環境音を流すことです。

環境音とはその名の通り、川のせせらぎや波の音など、特定の環境で聞こえる音を指します。このような自然音は集中力を増す効果があることが知られており、勉強のおともには最適です。

YouTubeで「環境音」と検索すると、さまざまな動画が出てきます。自然音の他に、一風変わったものでは「図書館」や「学校」、「街中の雑踏」などがあり、その空間にいるような感覚が得られます。

家で静かに一人で勉強していると落ち着かないという人は、「カフェ」や「レストラン」など人の気配を感じるような環境音を流してもいいでしょう。

また、「試験会場」の環境音では、問題用紙をめくる音とペンを進める音だけがひたすら流れます。過去問を解く際に本番に近い雰囲気を演出できるので、集中力だけでなくほどよい緊張感も高められておすすめです。環境音についてもいろいろ試しながら、自分のお気に入りを見つけてみてください。

10 時間と場所で、手軽に勉強をシステム化する

ここまでさまざまなアプリを紹介してきましたが、最後にもう少し手軽なタイパを上げるコツを紹介します。まずは勉強に向かうまでの時間をなくす方法です。

みなさんは「勉強しないといけないのに取りかかるまでが長く、ついダラダラしてしまう」という経験が一度や二度はあるのではないでしょうか。よく言われる解決策としては、学校の時間割のように勉強する時間を決めて、定刻になったら始めるようにするというものがあります。

ただ、学生時代と違って大人になるとどうしても毎日決まったリズムで生活を送るのは難しいですよね。仕事の時間がそもそも変則的だとか、急な打ち合わせや会合が

しょっちゅう入るという人もいるでしょう。

そのような場合は、時間ではなく行動に合わせて勉強を始めるのがおすすめです。たとえば朝起きたらまずは顔を洗うとか、帰宅したら手洗いとうがいをするとか、自分なりのルーティーンがありますよね。これらの習慣は「起床する」「帰宅する」といった行動が起点になっています。

これと同じように、朝の歯磨きが済んだら朝食の前に30分問題集を解くとか、トイレに入ったら単語を10個覚えるなど、普段の行動と勉強のスタートを結びつけるのです。これなら生活リズムがバラバラでも、時間に関係なく勉強のスタートがすぐに切れます。

1日の生活の中で、たとえば電車やバスに乗るタイミングとかお風呂に入るときなど、起点にできる瞬間はいろいろあります。私も受験勉強をしていたときは、トイレに英単語や古文の単語帳を置いて必ず暗記をしていましたし、お風呂で半身浴をしながら参考書を読む習慣も、毎日続けていました。余談ですが、その名残で今でもトイレやお風呂に入っているときは、何かを読んでいないと落ち着かない体質になってしまいました。

あとは家の中で場所を決めて、「この椅子に座ったら勉強を始める」「この部屋に入ったらまず問題集を開く」というようにルールを設定してもいいでしょう。これがいったん習慣として身につくと、本当に何も考えずにカチッと勉強のスイッチが入るようになります。

アップルの創業者であるスティーブ・ジョブズは「今日はどの服にしようか」と余計なことに時間と思考を割かないために、毎日同じ服を着ていたのは有名な話です。それと同じように「○○をしたら××の勉強を始める」と決めておけば、「今日は何から手をつけよう」「何時から勉強を始めよう」と迷う時間がなくなるのです。

これも試しているうちに、自分にしっくりくるルーティーンが確立するはずです。ぜひムダな時間を節約する習慣として取り入れてみてください。

おわりに

「勉強で人生は変えられる」

『ドラゴン桜』にはたくさんの名言がありますが、私はこれが一番好きです。本当に私の人生は勉強で変わったからです。これまで大きな転機が三度ありましたが、まずはその前段階から少しお話させてください。

私は高校生のときに父が他界し、経済的な事情で大学進学を断念しました。明確な将来の目標もなく、妹が大学進学を希望していたため、自分が早く働いて家計を助けた方がいいと思ったからです。

高校卒業後はなるべく早く手に職をつけるため、学費がかからないよう新聞奨学生の制度を利用して、早朝と夕方に新聞配達の仕事をしながらゲームクリエイターの専門学校に通いました。ただ、あまり深く考えずに進路を選択したので、このときの勉強はあまり身が入っていませんでした。しかも通っていたところが学校法人ではなかったので、結局私は卒業後、何の技能も資格もない高卒フリーターとして社会に出ることになりました。

勉強によって訪れた1つ目の転機は、塾講師への転身です。私は23歳のときにワーキングホリデービザを利用して、1年間オーストラリアで暮らしていました。遊ぶお金もあまりなかったので、休みの日は図書館で1日中英語の勉強をしたり、3ヵ月だけでしたが現地の会社でビジネス英語をバリバリ使う仕事に就いたりしたことで、英語力がかなりつきました。

帰国後に何か英語を活かせる仕事はないかと探していた折、地元の個別指導塾で講師の募集があるのを見つけました。学歴上は高卒なので普通なら応募要件を満たしませんが、連絡して何とか面接までこぎつけた結果、英語が読めるだけでなく実用的に使えるということで、奇跡的に就職できたのです（都会ではあまり考えられないことでしょうが、田舎の小さな塾であった特殊な事例だと思ってください）。私にとって、これが初めて勉強で人生が切り拓けた瞬間でした。

2つ目の転機は、30歳からの東大受験です。25歳で塾講師になってから仕事がずっと楽しく、やっと自分にとっての天職が見つかったという思いで勉強と生徒の指導に励んでいました。2年目からは教室長として全体を管理する立場にもなり、充実した日々を送っていました。

そんな折、私の元に東大志望の高3生が突然やってきます。仮にA君と呼びます。それまで私の教室では高校受験が終わったらほとんどの生徒が退塾し、東大どころか大学受験をする生徒すらほとんどいない状況だったので、最初に志望校を聞いたときは非常にびっくりしました。実力と経験の点から、私自身は直接教えることはほとんどできませんでしたが、当時は幸いにも京大卒の講師をはじめとして東大レベルの指導もできる人材がそろっていましたし、A君の熱意も実力も本物だったので、何としても受からせてあげようと教室全体でバックアップして指導にあたりました。

ですが、残念ながらA君は合格まで至らず、滑り止めで受けた別の大学に進学しました。そのとき、私の中である思いが湧き上がります。

「このまま大学受験の経験も相応の学力もないまま、学習指導の仕事を続けていていいのだろうか」

もちろん塾講師になってから、仕事のために英語だけでなく全教科を一から勉強し直しました。勉強法や教育に関してもいろいろ調べたり実践したり、研鑽は積んできました。数は少なかったものの、中堅以下の大学受験なら私もきちんと指導して合格まで導いてあげることができていました。

それでも「大学受験を経験していない」「大学の勉強がどういうもので、どう将来につながっていくのか実感がつかめていない」という後ろめたさが心の片隅にずっとあったのです。そんな中、初めて東大のような最難関の受験に挑むA君の指導に勉強面、精神面でフルにかかわることができないまま不合格という結果を出してしまったことで、その後ろめたさが一気に私の心を覆いました。

そして次第に、「塾講師の仕事はこの先ずっと続けていきたい。ただ、今のままではA君のようなケースがまた生まれてしまう。このままではいけない」という気持ちが高まっていきます。

さらにこの気持ちに拍車をかけたのが、受験後のA君とご両親のご対応でした。普通なら受験に失敗したことで、塾に対して何か不満や文句のひとつも言いたくなるところだと思います。そのような露骨な態度でなくとも、どこか表情や言葉のどこかに曇りやトゲがあってもおかしくありません。

ところが、A君もご両親も心から「熱心に指導してくださってありがとうございました。第一志望ではありませんでしたが、本人も全力を尽くし、心おきなく大学に進学できます」

と言ってくださったのです。これは決してうわべのお世辞ではありませんでした。その証拠に、A君は大学の夏休みになると自分から「今度は自分が受験生の力になりたい」と言って、帰省している間に私が勤めている塾でアルバイト講師として協力してくれるような、良好な関係が続いていたのです。

それで私は決断しました。「A君とご両親には感謝してもらえたが、やはりプロとしてお金をもらって指導している以上、結果を出さなければ意味がない。この先、東大志望の子であっても自信を持って指導できるように、まずは自分が相応の実力と経験を身につけなければ、A君にもこれから指導する生徒にも申し訳が立たない。だからまずは、自分が東大受験にチャレンジして合格するんだ」と。

そこから人生で初めてと言っていいほど、本気で受験勉強に取り組みました。思っていたより東大合格の壁は厚く、苦しい時期もありました。ですが、受験を決意したときの気持ちを常に心に抱きながら諦めずに勉強を続けて、3年目についに合格までたどり着くことができました。

私は東大入学後も塾講師や家庭教師として学習指導に携わっていましたが、やはり受験で身につけた学力と自信は大きく自分を支えてくれました。生徒に送るアドバイスの具体性や言葉の力強さが、以前とはまったく違うのです。

今までのような、本で読んだり人から聞きかじったりした話ではなく、自分の言葉で勉強の意義や面白さを伝えられることに、大きな喜びを感じていました。東大受験の決断は、まさに私の人生を変えた瞬間でした。

そして3つ目の転機は、この本の出版です。私は実際に本格的な受験勉強を経験して、初めてわかったことがたくさんありました。勉強の計画の立て方、習慣づけのやり方、効率的な勉強の進め方。

反対に、成果につながりにくい非効率的な勉強法。それらを自分で試行錯誤しながら、社会人として働きながらでも通用するタイパのいい勉強法を確立していきました。それがこの本でお伝えしている内容です。

東大受験を経てから自信を持って学習指導ができるようになったと先ほど書きましたが、目の前の生徒にだけでなく、何か別の形で自分の経験を広く伝えられる機会はないかとずっと思っていました。そんな折、たまたまご縁があってこの本の企画をいただき、こうして皆さまの手にお届けできる運びとなりました。人生で何か1冊は自分の本を出すのが幼い頃からの夢でしたが、まさかこんな形で実現するとは思っておらず、今でもどこか信じられない気持ちです。

本書の企画・編集を担当していただいた日本能率協会マネジメントセンターの新関さんには、心より感謝を申し上げます。本書の企画が立ち上がってから出版に至るまで約1年かかりましたが、その間ずっと手厚くサポートしていただきました。

また、本書の中で『ドラゴン桜』の使用を許可してくださったコルク社にも感謝を申し上げます。私は塾講師時代に『ドラゴン桜』の存在を知り、夢中になって読みました。当時はまさか自分が東大受験をする側になるとは思っていませんでしたが、生徒への学習指導法のヒントを得たり、自分も東大合格レベルまで生徒の実力を伸ばせるようになりたいと刺激を受けたりと、非常に思い入れのある作品です。そんな大好きな作品に、今では『ドラゴン桜』の公式ｎｏｔｅマガジンの編集長としてもかかわらせていただいているので、本当に人生何があるかわかりません。

今は「リスキリング（学び直し）」や「リカレント教育（生涯学習）」といった考え方が広まっ

ています。政府も働く人の教育や支援をする「人への投資」を重視しており、大人が勉強することが当たり前になってきました。書籍やオンライン教材なども豊富にあり、昔よりもはるかに勉強がしやすい環境になっています。

何より、大人になってからの勉強はモチベーションが違います。私もそうでしたが、学生時代は自分の意志というよりも、「周りがやっているから何となく」で勉強や受験をしていた人も多かったのではないでしょうか？　今この本を手にしている方は、自分の意志で勉強を始めようとしている人がほとんどだと思います。大人になると勉強の目標や動機がよりはっきりするので、やらされる勉強ではなく自分でやる勉強になって楽しいものです。月並みですが、何かを始めるのに遅すぎるということはないのです。

この本を手に取っていただいたみなさまが、勉強することで少しでも自分の人生を前向きに変えるきっかけをつかんでいただけたら、筆者としてこれ以上の喜びはありません。

［著者プロフィール］

青戸一之

Kazuyuki Aoto

1983年生まれ、鳥取県出身。地元の進学校の高校を卒業後、フリーター生活を経て25歳で塾講師に転身。26歳から塾の教室長としてマネジメント業を行う傍ら、学習指導にも並行して携わる。29歳の時に入塾してきた東大志望の子を不合格にしてしまったことで、自身の学力不足と、大学受験の経験が欠如していることによる影響を痛感し、30歳で東大受験決意。塾講師の仕事をしながら1日3時間の勉強により33歳で合格。在学中も学習指導の仕事に携わり、現在は卒業してキャリア15年目のプロ家庭教師・塾講師を務める傍ら、ドラゴン桜公式noteマガジンの編集長も兼任。逆転合格を果たした東大生集団「チームドラゴン桜」の一員として、講演や執筆活動も行っている。

西岡壱誠

Issei Nishioka

株式会社カルペ・ディエム代表。

偏差値35から東大を目指すも、現役・一浪と、2年連続で不合格。崖っぷちの状況で開発した「独学術」で偏差値70、東大模試で全国4位になり、東大合格を果たす。そのノウハウを全国の学生や学校の教師たちに伝えるため、2020年に株式会社カルペ・ディエムを設立。全国の高校で高校生に思考法・勉強法を教えているほか、教師には指導法のコンサルティングを行っている。また、YouTubeチャンネル「ドラゴン桜チャンネル」を運営、約1万人の登録者に勉強の楽しさを伝えている。

あなたの人生をダメにする勉強法
「ドラゴン桜」式最強タイパ勉強法で結果が変わる

2024年6月10日　　初版第1刷発行

著　者　青戸 一之

発行者　張 士洛
発行所　日本能率協会マネジメントセンター
〒103-6009　東京都中央区日本橋2-7-1 東京日本橋タワー
TEL：03-6362-4339（編集）／　03-6362-4558（販売）
FAX：03-3272-8127（販売・編集）
https://www.jmam.co.jp/

漫　　　画　三田紀房（『ドラゴン桜』『ドラゴン桜２』）
企画・編集協力　コルク
（佐渡島庸平、中村元、岡本真帆、有森愛、井上皓介）
ブックデザイン　山之口正和＋齋藤友貴（OKIKATA）
本文ＤＴＰ　株式会社明昌堂
印　刷　所　広研印刷株式会社
製　本　所　東京美術紙工協業組合

ISBN 978-4-8005-9215-6　C2034
落丁・乱丁はおとりかえします。
PRINTED IN JAPAN

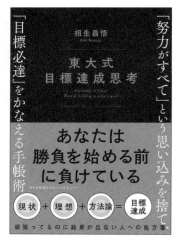